RUDOLF STEINER GESAMTAUSGABE
VORTRÄGE

VORTRÄGE VOR MITGLIEDERN
DER ANTHROPOSOPHISCHEN GESELLSCHAFT

RUDOLF STEINER

Esoterische Betrachtungen karmischer Zusammenhänge aus dem Jahre 1924

BAND I — Zwölf Vorträge, gehalten in Dornach am 16., 17., 23. und 24. Februar, 1., 2., 8., 9., 15., 16., 22. und 23. März 1924 (Bibliographie-Nr. 235)

BAND II — Siebzehn Vorträge, gehalten in Dornach am 6., 12., 23., 26. und 27. April, 4., 9., 10., 11., 16., 18., 29. und 30. Mai, 4., 22., 27. und 29. Juni 1924 (Bibliographie-Nr. 236)

BAND III — Die karmischen Zusammenhänge der anthroposophischen Bewegung.
Elf Vorträge, gehalten in Dornach am 1., 4., 6., 8., 11., 13. und 28. Juli, 1., 3., 4. und 8. August 1924 (Bibliographie-Nr. 237)

BAND IV — Das geistige Leben der Gegenwart im Zusammenhang mit der anthroposophischen Bewegung.
Zehn Vorträge, gehalten in Dornach am 5., 7., 10., 12., 14., 16., 18., 19., 21. und 23. September, sowie die «letzte Ansprache» vom 28. September 1924 (Bibliographie-Nr. 238)

BAND V — Sechzehn Vorträge, gehalten in Prag vom 29. bis 31. März und am 5. April, in Paris vom 23. bis 25. Mai, und in Breslau vom 7. bis 15. Juni 1924 (Bibliographie-Nr. 239)

BAND VI — Fünfzehn Vorträge, gehalten in Bern am 25. Januar und 16. April, in Zürich am 28. Januar, in Stuttgart am 6. Februar, 9. April und 1. Juni, in Arnheim vom 18. bis 20. Juli, in Torquay am 12., 14. und 21. August, und in London am 24. und 27. August 1924 (Bibliographie-Nr. 240)

Zum Thema «Wiederverkörperung und Karma» sei noch auf folgende Bände der Rudolf Steiner Gesamtausgabe hingewiesen:

«Reinkarnation und Karma, vom Standpunkte der modernen Naturwissenschaft notwendige Vorstellungen – Wie Karma wirkt», 1903 (im Band «Luzifer-Gnosis», Bibliographie-Nr. 34, und als Einzelausgabe)

«Das Prinzip der spirituellen Ökonomie im Zusammenhang mit Wiederverkörperungsfragen – Ein Aspekt der geistigen Führung der Menschheit», 1909 (Bibliographie-Nr. 109/111)

«Die Offenbarungen des Karma», 1910 (Bibliographie-Nr. 120)

«Okkulte Geschichte. Esoterische Betrachtungen karmischer Zusammenhänge von Persönlichkeiten und Ereignissen der Weltgeschichte», 1911 (Bibliographie-Nr. 126)

«Wiederverkörperung und Karma und ihre Bedeutung für die Kultur der Gegenwart», 1912 (Bibliographie-Nr. 135)

RUDOLF STEINER

Esoterische Betrachtungen karmischer Zusammenhänge

Dritter Band

Die karmischen Zusammenhänge der anthroposophischen Bewegung

Elf Vorträge, gehalten in Dornach zwischen dem 1. Juli und 8. August 1924

1982

RUDOLF STEINER VERLAG
DORNACH/SCHWEIZ

Nach vom Vortragenden nicht durchgesehenen Nachschriften
herausgegeben von der Rudolf Steiner-Nachlaßverwaltung

Die Herausgabe besorgte Robert Friedenthal

1. Auflage (Manuskriptdruck im Großformat unter dem Titel «Die karmischen Zusammenhänge der anthroposophischen Bewegung») Dornach 1926

2. Auflage (Erste Buchausgabe unter dem Titel «Esoterische Betrachtungen karmischer Zusammenhänge III. Teil») Dornach o. J. (1937)

3. Auflage Dornach 1959

4. Auflage Gesamtausgabe Dornach 1964

5. Auflage, neu durchgesehen und mit den Original-Stenogrammen verglichen Gesamtausgabe Dornach 1971

6. Auflage (photomech. Nachdruck) Gesamtausgabe Dornach 1975

7. Auflage (photomech. Nachdruck) Gesamtausgabe Dornach 1982

Bibliographie-Nr. 237

Einbandgestaltung von Assja Turgenieff
Zeichnungen im Text nach Tafelzeichnungen Rudolf Steiners,
ausgeführt von Assja Turgenieff

Printed in Switzerland by Zbinden Druck und Verlag AG, Basel

ISBN 3-7274-2370-6

Zu den Veröffentlichungen aus dem Vortragswerk von Rudolf Steiner

Die Grundlage der anthroposophisch orientierten Geisteswissenschaft bilden die von Rudolf Steiner (1861-1925) geschriebenen und veröffentlichten Werke. Daneben hielt er in den Jahren 1900 bis 1924 zahlreiche Vorträge und Kurse, sowohl öffentlich wie auch für die Mitglieder der Theosophischen, später Anthroposophischen Gesellschaft. Er selbst wollte ursprünglich, daß seine durchwegs frei gehaltenen Vorträge nicht schriftlich festgehalten würden, da sie als «mündliche, nicht zum Druck bestimmte Mitteilungen» gedacht waren. Nachdem aber zunehmend unvollständige und fehlerhafte Hörernachschriften angefertigt und verbreitet wurden, sah er sich veranlaßt, das Nachschreiben zu regeln. Mit dieser Aufgabe betraute er Marie Steiner-von Sivers. Ihr oblag die Bestimmung der Stenographierenden, die Verwaltung der Nachschriften und die für die Herausgabe notwendige Durchsicht der Texte. Da Rudolf Steiner aus Zeitmangel nur in ganz wenigen Fällen die Nachschriften selbst korrigieren konnte, muß gegenüber allen Vortragsveröffentlichungen sein Vorbehalt berücksichtigt werden: «Es wird eben nur hingenommen werden müssen, daß in den von mir nicht nachgesehenen Vorlagen sich Fehlerhaftes findet.»

Über das Verhältnis der Mitgliedervorträge, welche zunächst nur als interne Manuskriptdrucke zugänglich waren, zu seinen öffentlichen Schriften äußert sich Rudolf Steiner in seiner Selbstbiographie «Mein Lebensgang» (35. Kapitel). Der entsprechende Wortlaut ist am Schluß dieses Bandes wiedergegeben. Das dort Gesagte gilt gleichermaßen auch für die Kurse zu einzelnen Fachgebieten, welche sich an einen begrenzten, mit den Grundlagen der Geisteswissenschaft vertrauten Teilnehmerkreis richteten.

Nach dem Tode von Marie Steiner (1867-1948) wurde gemäß ihren Richtlinien mit der Herausgabe einer Rudolf Steiner Gesamtausgabe begonnen. Der vorliegende Band bildet einen Bestandteil dieser Gesamtausgabe. Soweit erforderlich, finden sich nähere Angaben zu den Textunterlagen am Beginn der Hinweise.

Zur Wiedergabe des in diesen Vorträgen Gesagten bemerkt Rudolf Steiner im Vortrag vom 22. Juni 1924, daß diese nicht anders als durch *Vorlesen des genauen Wortlautes* erfolgen dürfe.

INHALT

ZUR EINFÜHRUNG

Aus «Erinnerungsworte» von Marie Steiner

(zur 1. Auflage 1926)

Um Ernst bat Rudolf Steiner immer wieder im strengsten, eindringlichsten Sinn, als er sich entschloß, den Werdegang geschichtlicher Persönlichkeiten und die Geschichte der Gesellschaft aus geistigen Untergründen heraus uns zu beleuchten, Tatsachenzusammenhänge in ihren geistigen Umkreis hineinzustellen als ein Beispiel für die Geschichtsforschung der Zukunft. So hatte er uns gegeben in den Mysterienspielen das Muster für das Drama der Zukunft; so lehrte er uns verstehen, wie die geistig zurückgreifende Biographie auf höherer Stufe den psychologischen Roman der Gegenwart ersetzen könne. Doch was Rudolf Steiner nicht gestattete, waren Kombinationen, Hypothesen oder lückenausfüllende Phantasie bei sogenannter geistiger Forschung. Das nannte er unernst. Und darüber konnte er heilig zürnen. Eindringlich bat er die Zuhörer, sich nur ja nicht mit sensationshungriger Neugierde dem Inhalte der Karma-Vorträge seelisch zu nähern. Auf die Zusammenhänge käme es an, auf die Art, wie Licht fällt auf Tatsachen, sie erklärt und in ihrer notwendigen Folgerichtigkeit erscheinen läßt. Vor allem müsse das Persönliche schweigen; wenn aus persönlichen Motiven, mit persönlichen oder Gruppen-Interessen an das Studium von Karma-Fragen herangetreten würde, könne nur das größte Unheil entstehen. Ja, er scheute sich nicht zu sagen, daß, wenn in sensationeller oder Absichten verfolgender Art solches herumgetragen würde, es «eine Pest» wäre ...

... Rudolf Steiner bat dringend, die Karma-Vorträge nur so zu studieren, daß man mit dem ersten einleitenden Vortrage beginne, sie nur der Reihe nach durcharbeite und das Augenmerk auf die inneren Zusammenhänge, die Begründungen, das Ineinanderspiel der Verkettungen richte; alles Sensationelle in der Behandlung des Stoffs solle vermieden werden, alles persönliche Interesse ausgeschaltet werden ...

ERSTER VORTRAG

Dornach, 1. Juli 1924

Ich möchte heute für diejenigen, die eben da sein können, einiges ausführen, was eine Art Episode sein kann innerhalb der Betrachtungen, die wir hier nun schon seit einiger Zeit pflegen. Es soll, was ich sage, zur Illustration und Erklärung von manchem dienen, was aus dem bisher Behandelten wie eine Frage auftauchen kann, und es soll zu gleicher Zeit dadurch einiges Licht auf die Seelenverfassung der gegenwärtigen Zivilisation fallen.

Wir haben ja durch Jahre hindurch schon immer auf einen ganz bestimmten Zeitpunkt der im wesentlichen europäischen Zivilisationsentwickelung aufmerksam machen müssen, der da liegt in der Mitte des Mittelalters, um das 14., 15. Jahrhundert. Wir weisen damit auf denjenigen Punkt in der Menschheitsentwickelung hin, wo der Intellektualismus beginnt, wo die Menschen damit beginnen, vorzugsweise auf das Denken, auf den Intellekt aufzupassen und ihn zum Richter zu machen über dasjenige, was unter Menschen gedacht und getan werden soll.

Nun kann man sich ja, weil das Zeitalter des Intellektes heute da ist, durch das Miterleben der Gegenwart allenfalls eine rechte Vorstellung machen von dem, was Intellektualismus ist, was eben im 14. und 15. Jahrhundert an die Oberfläche der Zivilisation gekommen ist. Aber die Seelenverfassung, die vorangegangen ist, die fühlt man heute eigentlich nicht mehr in lebendiger Art. Wenn man Geschichte betrachtet, so projiziert man eigentlich dasjenige, was man in der Gegenwart zu sehen gewöhnt ist, auch weiter nach rückwärts im geschichtlichen Ablauf, und man bekommt nicht viel Vorstellung davon, wie ganz andersartig die Geister vor diesem Zeitraum waren. Und wenn man Urkunden sprechen läßt, so liest man eben in die Urkunden zum großen Teil schon dasjenige hinein, was heutige Denkungs- und Anschauungsart ist.

Der geisteswissenschaftlichen Betrachtung stellt sich eben manches ganz und gar anders dar. Und wenn man zum Beispiel den Blick auf jene Persönlichkeiten hinwendet, die aus dem Arabismus, aus der Kultur Asiens heraus auf der einen Seite beeinflußt waren von dem, was im Mohammedanismus als Religion sich ausgelebt hat, auf der anderen Seite aber auch beeinflußt waren von dem Aristotelismus, wenn man auf diese Persönlichkeiten schaut, die dann den Weg herüber über Afrika nach Spanien gefunden haben, die dann tief beeinflußt haben die Geister Europas, bis zu *Spinoza* und über Spinoza hinaus wiederum weiter die Geister Europas beeinflußt haben, dann gewinnt man über sie keine Anschauung, wenn man sich ihre Seelenverfassung so vorstellt, wie wenn sie einfach Menschen der Gegenwart gewesen wären, nur daß sie so und so viele Dinge noch nicht gewußt haben, die später gefunden worden sind. Denn so ungefähr stellt man sie sich ja vor. Aber die Denk- und Anschauungsweise auch noch derjenigen Persönlichkeiten aus der angedeuteten Zivilisationsrichtung, die etwa im 12. Jahrhundert lebten, war ganz anders als die heutige.

Heute fühlt sich der Mensch, wenn er so auf sich selbst zurückblickt, als der Besitzer von Gedanken, Gefühlen, Willensimpulsen, die dann zur Tat werden. Vor allen Dingen schreibt sich der Mensch eben zu das «ich denke», das «ich fühle», das «ich will». Bei diesen Geistern, bei diesen Persönlichkeiten, von denen ich jetzt rede, war das «ich denke» noch gar nicht von solcher Empfindung begleitet, mit der wir heute sagen: Ich denke –, sondern nur das «ich fühle» und «ich will». Diese Menschen haben ihrer eigenen Persönlichkeit nur ihr Fühlen und ihr Wollen zugeschrieben. Aus altzivilisatorischen Untergründen heraus lebten sie viel mehr in der Empfindung «es denkt in mir», als daß sie gedacht hätten «ich denke». Sie dachten wohl: «ich fühle, ich will», aber sie dachten durchaus nicht in demselben Maße: «ich denke», sondern sie sagten sich – und das ist eine ganz reale Anschauung gewesen, die ich Ihnen jetzt mitteilen will –: Gedanken sind in der sublunarischen Sphäre, da leben die Gedanken. – Überall sind diese Gedanken in derjenigen Sphäre, die gegeben ist dadurch, daß wir uns die Erde (siehe Zeichnung, blau) vorstellen an einem gewissen Punkt, den Mond hier an einem anderen, dann Merkur, Venus und so weiter. Sie dachten sich die Erde als dichte, feste Weltenmasse, aber sie dachten sich als zweites, was dazu gehört, die lunarische Sphäre bis zum Monde hinauf (gelb).

Und so wie wir sagen, in der Luft, in der wir atmen, ist Sauerstoff, so sagten diese Leute – es ist eben ganz vergessen worden, daß das so war –: In dem Äther, der bis zum Mond hinaufreicht, sind Gedanken. – Und wie wir sagen, wir atmen den Sauerstoff der Luft ein, so sagten diese Menschen allerdings nicht: wir atmen die Gedanken ein, aber: wir perzipieren die Gedanken, wir nehmen die Gedanken auf. Und sie waren sich dessen bewußt, daß sie sie aufnehmen.

Sehen Sie, heute kann ein Mensch sich so etwas meinetwillen auch als Begriff zu eigen machen. Er kann vielleicht sogar aus der Anthroposophie heraus so etwas einsehen. Aber er vergißt es ja gleich wieder, wenn es aufs praktische Leben ankommt. Wenn es aufs praktische Leben ankommt, dann macht er sich gleich eine ganz merkwürdige Vorstellung, er macht sich die Vorstellung, daß die Gedanken in ihm entspringen, was ganz gleich wäre, wie wenn er meinte, daß der Sauerstoff, den er aufnimmt, nicht von außen aufgenommen würde, sondern aus ihm heraus entspränge. Für die Persönlichkeiten, von denen ich spreche, war eben ein tiefes Gefühl, ein unmittelbares Erlebnis: Ich habe nicht meine Gedanken als meinen Besitz, ich darf eigentlich nicht sagen, «ich» denke, sondern «Gedanken sind», und ich nehme sie auf, diese Gedanken.

Nun, vom Sauerstoff der Luft wissen wir, daß er in verhältnismäßig kurzer Zeit den Kreislauf durch unseren Organismus durchmacht. Wir zählen solche Kreisläufe nach den Pulsschlägen. Das geschieht schnell. Die Persönlichkeiten, von denen ich spreche, stellten sich schon das Aufnehmen der Gedanken wie eine Art von Atmen vor, aber ein sehr langsames Atmen, ein Atmen, das darin besteht, daß im Beginne des Erdenlebens der Mensch fähig wird, die Gedanken aufzunehmen. So wie wir den Atem eine gewisse Zeit zwischen der Einatmung und der Ausatmung in uns halten, so stellten sich diese Menschen auch einen Tatbestand vor, dahingehend, daß sie nun die Gedanken halten, aber eben nur so, wie wir den Sauerstoff, der der äußeren Luft angehört, halten. So stellten sie sich es vor: sie halten die Gedanken, und zwar während der Zeit ihres Erdenlebens, und sie atmen sie wieder aus, hinaus in die Weltenweiten, wenn sie durch die Pforte des Todes gehen. So daß man es also zu tun hatte mit einem Einatmen: Lebensbeginn; Atemhalten: Dauer des Erdenlebens; Ausatmen: Hinaussenden der Gedanken in die Welt. Menschen, die so innerlich erlebten, fühlten sich mit allen anderen, die gleich erlebten, in einer gemeinschaftlichen Gedankenatmosphäre, die nicht bloß einige Meilen über die Erde hinaufging, sondern die eben bis zum Mondenumkreis ging.

Man kann sich nun vorstellen, daß diese Anschauung, die damals um die europäische Zivilisation gekämpft hat, sich immer weiter und weiter ausbreiten wollte, namentlich von jenen Aristotelikern aus, die von Asien herüber nach Europa auf dem Wege gekommen sind, den ich angedeutet habe. Man könnte sich nun vorstellen, daß diese Anschauung sich wirklich ausgebreitet hätte. Was wäre geworden?

Ja, es wäre dann nicht dazu gekommen, daß im vollsten Sinne des Wortes sich das hätte ausleben können, was sich doch im Laufe der Erdenentwickelung hat ausleben müssen: nämlich die Bewußtseinsseele. Diejenigen Menschen, von denen ich da spreche, standen sozusagen im letzten Stadium der Entwickelung der Verstandes- oder Gemütsseele. Heraufkommen sollte im 14. und 15. Jahrhundert die Bewußtseinsseele, die eben alles in der Zivilisation in Intellektualismus überführte, wenn sie im Extrem sich auslebte.

Die europäische Bevölkerung war in ihrer Totalität im 10., 11., 12. Jahrhundert keineswegs durchaus befähigt, eine solche Anschauung, wie die der Persönlichkeiten, die ich charakterisiert habe, einfach über sich ergehen zu lassen, denn die Entwickelung der Bewußtseinsseele wäre dann ausgeblieben. Wenn es auch sozusagen im Ratschluß der Götter bestimmt war, daß die Bewußtseinsseele sich entwickele, so war es doch so, daß diese Bewußtseinsseele sich nicht aus der Eigentätigkeit der europäischen Menschheit in ihrer Totalität heraus hat entwickeln können, sondern es mußte gewissermaßen ein Impuls kommen, der dahin ging, die Bewußtseinsseele besonders zu entwickeln.

So daß wir heraufkommen sehen von dem Zeitalter an, das ich jetzt charakterisiert habe, zwei Geistesströmungen. Die eine Geistesströmung war sozusagen bei den arabisierenden Philosophen vertreten, die vom Westen Europas herein die europäische Zivilisation stark beeinflußten, viel stärker, als man heute glaubt. Die andere Strömung war diejenige, welche in schärfster Weise diese Strömung, die ich charakterisierte, bekämpfte, welche in schärfster Strenge diese Anschauung als die ketzerischste für Europa hinstellte. Wie stark das noch lange gefühlt wurde, das, meine lieben Freunde, empfinden Sie, wenn Sie Bilder anschauen, wo etwa Dominikanermönche oder *Thomas von Aquino* selber im Triumphe dargestellt werden, im Triumphe einer ganz anderen Anschauung, einer Anschauung, die vor allen Dingen die Individualität, das Persönliche des Menschen betont, die dahin arbeitet, daß der Mensch sich seine Gedanken als sein Eigentum aneignet, und wo diese Dominikaner dargestellt werden, wie sie die Vertreter des Arabismus mit Füßen treten. Die sind unter ihren Füßen, die werden getreten. In solchem Gegensatz hat man eben die beiden Strömungen lange empfunden. Eine Gefühlsenergie, wie sie in einem solchen Bilde liegt, ist eigentlich in der heutigen, etwas apathischen Menschheit nicht mehr vorhanden. Wir brauchen sie allerdings nicht für jene Dinge, für die damals gekämpft worden ist, aber wir brauchen sie für andere Dinge wiederum gar sehr!

Bedenken wir einmal, was da vorgestellt wurde: Einatmung der Gedanken aus dem Weltenäther, aus der sublunarischen Sphäre: Lebensanfang; Atemhalten: Erdenleben; Ausatmung: wiederum Hinaustreten der Gedanken, aber mit der individuell menschlichen Färbung, in den Weltenäther, in die Impulse der Sphäre unter dem Monde, in die Impulse der sublunarischen Sphäre.

Was ist denn dieses Ausatmen? Ganz genau dasselbe, meine lieben Freunde, wie das, von dem wir sagen: in den drei Tagen nach dem Tode vergrößert sich der Ätherleib des Menschen. Der Mensch sieht zurück auf den sich langsam vergrößernden Ätherleib, er sieht, wie sich seine Gedanken hinaus ausbreiten in den Kosmos. Es ist ja ganz dasselbe, was nur, ich möchte sagen, von einem subjektiveren Standpunkte aus dazumal dargestellt worden ist. Also es ist ja immer wiederum wahr, wie diese Leute dazumal empfanden und erlebten. Sie empfanden den Kreislauf des Lebens tiefer, als er heute empfunden werden kann.

Aber dennoch: wären ihre Anschauungen herrschend geworden in Europa in der Form, in der sie damals da waren, dann wäre nur ein schwaches Ich-Gefühl bei den Menschen der europäischen Zivilisation zur Entwickelung gekommen. Die Bewußtseinsseele hätte nicht heraustreten können, das Ich hätte sich in dem «ich denke» nicht erfaßt, der Unsterblichkeitsgedanke wäre immer verschwommener und verschwommener geworden. Die Menschen hätten immer mehr und mehr auf dasjenige hingeblickt, was so im allgemeinen in der sublunarischen Sphäre herumwellt und -webt, wenn es übriggeblieben ist von dem Menschen, der hier auf dieser Erde gelebt hat. Man hätte die Geistigkeit der Erde als ihre erweiterte Atmosphäre gefühlt, man hätte sich mit der Erde gefühlt, aber nicht als individueller Mensch, abgesondert von der Erde; denn die Menschen, die ich charakterisierte, die fühlten sich eigentlich durch dieses «es denkt in mir» mit der Erde innig zusammenhängend. Sie fühlten sich nicht in demselben Grade als Individualitäten, wie dies die Menschen im übrigen Europa anfingen zu fühlen, wenn auch in unklarer Weise.

Dann aber müssen wir doch auch das Folgende berücksichtigen: Nur diese geistige Strömung, von der ich sprach, wußte davon, daß, wenn der Mensch stirbt, die von ihm während des Erdenlebens aufgenommenen Gedanken im Weltenäther, der die Erde umgibt, wellen und weben. Und diese Anschauung wurde also von denjenigen Persönlichkeiten, die ja namentlich aus dem Dominikanerorden hervorgingen, scharf bekämpft, und scharf wurde geltend gemacht: Der Mensch ist eine Individualität, man hat vor allen Dingen auf dasjenige zu sehen, was vom Menschen als Individualität durch die Pforte des Todes geht, nicht auf das, was sich auflöst im allgemeinen Weltenäther. Das wurde eben vorzugsweise, obwohl nicht allein von den Dominikanern, aber ich möchte sagen, repräsentativ von den Dominikanern betont. Diese Anschauung von der Individualität des Menschen wurde scharf und energisch vertreten gegenüber der ersten Richtung, die ich charakterisiert habe. Aber gerade dies bewirkte einen ganz bestimmten Zustand.

Denn sehen wir einmal hin auf die Vertreter, sagen wir also jetzt, des Individualismus. Es waren ja da diese individuell gefärbten Gedanken, die in den allgemeinen Weltenäther übergingen. Und diejenigen, die gegen diese Strömung kämpften, die wurden gerade dadurch, daß sie noch wußten, noch lebendig wußten: da wird das behauptet, diese Anschauung ist da – beunruhigt gerade von dem, was wirklich da war. Diese Beunruhigung durch die sich vergrößernden und auflösenden und die menschlichen Gedanken an den Weltenäther abgebenden Kräfte, diese Beunruhigung gerade der hervorragendsten Denker, die hörte ja erst im 16., 17. Jahrhundert auf.

Man muß sich schon in die Seelenverfassung namentlich solcher Leute, die dem Dominikanerorden angehört haben, hineinversetzen können, um zu ermessen, wie gerade diese Leute beunruhigt wurden durch dasjenige, was vorhanden ist als Hinterlassenschaft von den verstorbenen Menschen, und an das sie nicht mehr mit ihrer Anschauung sozusagen glauben dürfen, glauben können. Man muß sich hineinversetzen in die Gemüter dieser Menschen. So trocken, so abstrakt, so eisig begrifflich, wie die Menschen heute denken, konnte ja ein hervorragender Geist im 13., 14. Jahrhundert nicht denken. Heute kommen einem ja die Menschen vor, wenn sie irgendwelche Anschauungen vertreten, als wenn es als eine Bedingung gälte für das Vertreten von Anschauungen, daß einem erst das Herz aus dem Leibe gerissen wird. Dazumal war es nicht so. Dazumal war Innigkeit, ich möchte sagen Herzlichkeit in all dem, was man als Ideen vertrat. Dadurch aber, daß diese Herzlichkeit vorhanden war, war auch in einem solchen Falle wie dem, den ich hier anführe, ein starker innerer Kampf vorhanden.

Und unter den furchtbarsten inneren Kämpfen hat sich dasjenige ausgebildet, was zum Beispiel vom Dominikanerorden als eine gewisse Philosophie ausgegangen ist, die dann später das Leben, weil das ja noch viel mehr auf Autorität einzelner Menschen gebaut war, stark beeinflußte. Solch eine allgemeine Bildung gab es ja damals noch nicht; es strömte in alles, was Bildung war, was überhaupt die Leute wußten, dasjenige hinein, was wenige besaßen, die daher auch mehr hinaufragten zu dem, was philosophisches Leben und Streben war. In all dem, was da in die Zivilisation einfloß, war enthalten, was in solchen inneren Kämpfen durchlebt wurde. Heute liest man die Schriften der Scholastiker und empfindet nur trockene Gedanken. Aber trocken sind ja eigentlich bloß die Leser heute. Diejenigen Menschen, die sie geschrieben haben, waren schon nicht trocken in ihrem Gemüte. Die waren voll inneren Feuers gegenüber ihren Gedanken. Und dieses innere Feuer kam eben von dem Bestreben, abzuweisen den objektiven Gedankeneinfluß.

Wenn heute einer denkt über Weltanschauungsfragen, so beirrt ihn ja eigentlich nichts. Man kann heute den größten Unsinn denken, und man denkt ihn ganz ruhig, weil für die Menschheit, die schon so lange innerhalb der Bewußtseinsseele sich entwickelt hat, keine Beunruhigung von der Art eintritt, daß die einzelnen empfinden würden, wie nun die Gedanken der Menschen sich ausnehmen, wenn sie nach dem Tode hinausfließen in die Ätherumgebung der Erde. Heute sind ja ganz unbekannt solche Dinge, wie sie noch im 13., 14. Jahrhundert erlebt werden konnten, wo jüngere Priester zu älteren Priestern kamen und noch die inneren Qualen, die sie durchmachten im Beständigbleiben in ihrem Religionsbekenntnisse, dadurch ausdrückten, daß sie sagten: Mich quälen die Gespenster der Toten.

Denn mit den Gespenstern der Toten war das eben gemeint, was ich jetzt charakterisiert habe. Da konnten die Menschen noch hineinwachsen in dasjenige, was sie eben lernten. Man lernte innerhalb einer gewissen Gemeinschaft, sagen wir einer Dominikanergemeinschaft, daß der Mensch individuell ist, auch seine individuelle Unsterblichkeit hat. Man lernte, daß es eine falsche, ketzerische Anschauung ist, wenn in bezug auf das Denken eine All-Erdenseeele angeschaut wird, man lernte das scharf bekämpfen. Aber man empfand in gewissen Augenblicken, in denen man so recht mit sich selber zu Rate ging, das objektive Wirken der Gedanken von den Überresten der verstorbenen Menschen und sagte sich dann: Ist es denn ganz richtig, daß ich das tue, was ich tue? Da ist etwas Unbestimmtes, das in meine Seele hineinwirkt. Ich komme nicht auf dagegen. Ich werde festgehalten. – Ja, die Intellekte der Menschen, oder wenigstens vieler Menschen, waren eben zu jener Zeit noch so geordnet, daß für sie die Toten wenigstens noch tagelang nach dem Tode recht allgemein sprachen. Und hatte der eine aufgehört zu sprechen, so fing ein anderer an. Man fühlte sich auch in bezug auf solche Dinge dann ganz darinnen im allgemeinen Geistigen des Weltenalls, wenigstens noch im Ätherischen.

Dieses Miterleben mit dem Weltenall, das hat in unsere Zeiten herein eben ganz aufgehört. Und dafür haben wir das Leben in der Bewußtseinsseele errungen. Und all das, was uns als eine Realität ebenso umgibt wie Tische und Stühle, wie Bäume und Flüsse, was uns als eine geistige Realität umgibt, das wirkt nur noch auf die Tiefen des Unterbewußtseins der Menschen. Die Innerlichkeit des Lebens, die geistige Innerlichkeit des Lebens, die hat eben aufgehört. Die wird erst wiederum errungen in einer lebendig aufgenommenen geisteswissenschaftlichen Erkenntnis.

Und so lebendig müssen wir über eine geisteswissenschaftliche Erkenntnis denken, wie es sich uns ergibt, wenn wir solche Erscheinungen, die noch gar nicht so lange hinter uns liegen, anschauen. Man denke sich den scholastischen Denker oder Schriftsteller des 13. Jahrhunderts. Er schreibt seine Gedanken hin. Heute ist denken leicht, denn die Menschen haben sich schon gewöhnt, intellektualistisch zu denken. Dazumal fing es eben an, da war es noch schwer. Da war man sich noch bewußt einer ungeheuren inneren Anstrengung, da war man sich bewußt einer Ermüdung durch das Denken wie durch das Holzhacken, wenn ich mich trivial ausdrücken darf. Heute ist ja das Denken vieler Menschen schon ganz automatisch geworden. Und ist man denn heute etwa von der Sehnsucht befallen, jeden seiner Gedanken mit seiner menschlichen Persönlichkeit zu verfolgen? Man hört zu, wie die Menschen heute wie ein Automat einen Gedanken aus dem anderen hervorgehen lassen können, so daß man gar nicht nachkommt, daß man auch gar nicht weiß, warum; denn da ist nichts von einer Notwendigkeit vorhanden. Aber solange der Mensch im Leibe lebt, soll er mit seiner Persönlichkeit seine Gedanken verfolgen. Dann nehmen sie schon einen anderen Gang: sie breiten sich aus, wenn er gestorben ist.

Ja, so konnte man sitzen in der damaligen Zeit und die Lehre von dem individuellen Menschen zur Rettung der Lehre von der individuellen Unsterblichkeit mit allen scharf einschneidenden Gedanken verteidigen, polemisch werden gegen *Averroes* oder sonstige Leute von jener ersten Richtung, die ich heute charakterisiert habe. Dann war aber eine Möglichkeit vorhanden: es war die Möglichkeit vorhanden, daß dasjenige, was gerade von einer solchen hervorragenden Persönlichkeit wie Averroes nach dem Tode wie eine Art Gespenst in der sublunarischen Sphäre sich aufgelöst hat, wiederum am Ende der sublunarischen Sphäre – eben durch den Mond selber – gerade stark gesammelt worden und geblieben ist, nach der Vergrößerung sogar wieder verkleinert worden ist und ihm Gestalt gegeben worden ist, so daß es wiederum zu einem, ich möchte sagen, im Äther aufgebauten Wesen konsolidiert worden ist. Das konnte geschehen. Dann saß man und versuchte, den Individualismus zu begründen: Man polemisierte gegen Averroes – und Averroes erschien, erschien drohend und beirrte das Gemüt. Gegen den längst verstorbenen Averroes standen im 13. Jahrhundert die wichtigsten scholastischen Schriftsteller auf. Gegen den längst Gestorbenen polemisierte man, gegen dasjenige, was als Lehre geblieben ist: er bewies einem, daß seine Gedanken wiederum verdichtet, konsolidiert worden sind und weiterleben!

Diese inneren Kämpfe, die dem Anfang des Bewußtseinszeitalters vorangegangen sind, sind schon so, daß man heute auf ihre ganze Intensität, auf ihre Innigkeit hinschauen sollte. Worte sind schließlich

Worte, und die späteren Menschen nehmen eben das, was hinter den Worten ist, mit denjenigen Begriffen, die sie haben. Aber solche Worte schlossen manchmal reiches Seelenleben ein, deuteten hin auf Seelenleben, wie ich sie eben jetzt charakterisiert habe.

Und so haben wir zwei Strömungen, die im Grunde genommen bis zum heutigen Tage wirksam geblieben sind. Wir haben die eine Strömung, die gern – jetzt nur noch von der geistigen Welt, aber da um so stärker – dem Menschen klarmachen möchte, daß ein allgemeines Gedankenleben die Erde umgibt, daß man in Gedanken drinnen seelisch-geistig atmet, und die andere Strömung, die vor allem den Menschen hinweisen will darauf, daß er sich unabhängig machen sollte von solcher Allgemeinheit, daß er sich in seiner Individualität erleben sollte. Die eine Strömung, die erste, mehr wie ein unbestimmtes Raunen in der geistigen Erdenumgebung, ist heute für viele Menschen, die schon auch vorhanden sind, nur noch wahrnehmbar, wenn in besonders gestalteten Nächten die Leute auf ihrem Lager liegen und dem Unbestimmten zuhören, und wo aus diesem Unbestimmten heraus alle möglichen Zweifel geboren werden an dem, was die Leute heute aus ihrer Individualität heraus mit solcher Bestimmtheit behaupten. Wir haben bei anderen Leuten, die immer gut schlafen, weil sie mit sich selbst zufrieden sind, dann das strenge Betonen des individuellen Prinzips.

Und dieser Kampf lodert eigentlich auf dem Grunde der europäischen Zivilisation. Er lodert bis zum heutigen Tage. Und in den Dingen, die sich äußerlich an der Oberfläche unseres Lebens abspielen, haben wir im Grunde genommen kaum etwas anderes als eben oberflächliche Wellenschläge dessen, was in der Tiefe der Seelen schon einmal vorhanden ist als Überrest jenes tieferen, jenes intensiveren Seelenlebens der damaligen Zeit.

Nun sind ja so manche Seelen aus der damaligen Zeit wiederum im gegenwärtigen Erdenleben da. Sie haben in einer gewissen Weise besiegt, was sie dazumal in starkem Maße für das Oberbewußtsein beunruhigt hat, wenigstens für gewisse Augenblicke im Oberbewußtsein beunruhigt hat. Aber in der Tiefe lodert das in zahlreichen Gemütern heute um so mehr. Geisteswissenschaft ist eben wiederum dazu da, um auch auf solche historische Erscheinungen hinzuweisen.

Nun aber dürfen wir das Folgende nicht vergessen. In demselben Maße, in dem die Menschen im Erdenleben unbewußt werden für dasjenige, was doch da ist: die Äthergedanken der nächsten Erdenumgebung, in demselben Maße, in dem sich daher die Menschen ihren Eigenbesitz, das «ich denke» aneignen, in demselben Maße engt sich die menschliche Seele ein, und der Mensch geht mit einer eingeengten Seele durch die Pforte des Todes. Diese eingeengte Seele hat dann unwahre, unvollständige, sich widersprechende irdische Gedanken in den Weltenäther hineingetragen. Die wirken nun auch wieder zurück auf die Gemüter der Menschen. Und daraus entstehen soziale Bewegungen, wie wir sie eben heute entstehen sehen. Die muß man ihrer inneren Entstehungsweise nach begreifen, dann wird man auch einsehen, daß es kein Heilmittel gibt gegen diese oftmals so zerstörerischen sozialen Anschauungen als die Verbreitung der Wahrheit über das geistige Leben und Wesen.

Sie haben ja schon aus den Vorträgen gesehen, die hier gerade als historische Vorträge mit Berücksichtigung des Reinkarnationsgedankens gehalten worden sind und die zu ganz konkreten Beispielen geführt haben, wie unter der Oberfläche der äußeren Geschichte die Dinge wirken, wie dasjenige, was in einem Zeitalter lebt, in ein späteres Zeitalter durch die ins Leben wiederkommenden Menschen ins Leben hinübergetragen wird. Aber es wirkt ja alles, was an Geistigem vorhanden ist zwischen dem Tode und einer neuen Geburt, mit an der Gestaltung dessen, was von einem Erdenleben ins andere durch Menschen getragen wird. Heute wäre es etwas Gutes, würden zahlreiche Seelen sich jene Objektivität erwerben, zu der man Verständnis erweckend sprechen kann, wenn man gerade diejenigen Menschen charakterisiert, die in der Abendröte des Verstandes- oder Gemütszeitalters gelebt haben.

Diese Menschen, die damals gelebt haben, zum Teil jetzt wieder da sind, die haben gerade diese Abendröte eines Zeitalters tief in ihrer Seele miterlebt: Sie haben durch ihre fortwährenden Anfechtungen von jenen Gespenstern, von denen ich gesprochen habe, im Grunde doch einen tiefen Zweifel aufgenommen an der einzigartigen Gültigkeit des Intellektualistischen. Dieser Zweifel ist zu begreifen. Denn so im 13. Jahrhundert hat es viele Menschen gegeben, die erkennende Menschen waren, die dazumal im ja fast durchaus theologisierenden Wissenschaftsbetrieb darinnen waren und die es als eine tiefe Gewissensfrage behandelten: Was wird denn nun eigentlich?

Solche Seelen haben oftmals für die damalige Zeit Großes, Gewaltiges aus ihren früheren Inkarnationen in diese Zeit hineingetragen. Sie haben es schon in intellektualistische Färbung gebracht, aber sie empfanden das Ganze als eine Niedergangsströmung, und sie empfanden Gewissensbisse bei der aufgehenden Strömung, die nach Individualität hindrängte – bis dann diejenigen Philosophen kamen, die unter einem bestimmten Einfluß standen, der eigentlich allen Sinn totgeschlagen hat. Wenn man radikal spricht, kann man auch sagen: bis die kamen, die unter dem Einfluß von *Descartes*, von Cartesius standen; denn auch sehr viele von denen, die in der früheren Scholastik drinnengestanden hatten, waren ja der Denkweise des Cartesius sozusagen zum Opfer gefallen. Ich sage nicht, daß sie Philosophen geworden sind. – Diese Dinge verwandelten sich ja, und wenn die Menschen anfangen, in diesen Richtungen zu denken, dann werden Dinge zu Selbstverständlichkeiten, die merkwürdiger Unsinn sind; denn von Descartes kommt ja her der Satz: Cogito ergo sum – Ich denke, also bin ich.

Meine lieben Freunde, das galt unzähligen scharfsinnigen Denkern als eine Wahrheit: Ich denke, also bin ich. Die Folge davon ist, vom Morgen bis zum Abend: ich denke, also bin ich. Ich schlafe ein: ich denke nicht, also bin ich nicht. Ich wache wieder auf: ich denke, also bin ich. Ich schlafe ein, also, da ich nicht denke, bin ich nicht. – Und die notwendige Konsequenz ist: man schläft nicht nur ein, man hört auf zu sein, wenn man einschläft! Es gibt keinen weniger geeigneten Beweis für das Dasein des Geistes des Menschen als den Satz: Ich denke. Dennoch fing dieser Satz an, im Zeitalter der Bewußtseinsentwickelung als der maßgebende Satz zu gelten.

Man ist heute genötigt, wenn man auf solche Dinge aufmerksam macht, den Anschein eines Sakrilegs auf sich zu nehmen. Aber gegenüber dem allem möchte ich hinweisen auf eine Art Gespräch, das nicht historisch verzeichnet ist, das aber durch geistige Forschung herausgefunden werden kann unter den Tatsachen, die geschehen sind, ein Gespräch, das stattgefunden hat zwischen einem älteren und einem jüngeren Dominikaner, und das etwa so gelautet hat.

Der Jüngere sagt: Denken ergreift die Menschen. Denken – der Schatten der Wirklichkeit – ergreift die Menschen. Denken war ja immer in alten Zeiten die letzte Offenbarung des lebendigen Geistes von oben. Jetzt ist es dasjenige, das vergessen hat diesen lebendigen Geist von oben, jetzt wird es als bloßer Schatten erlebt. Wahrlich – sagte dieser Jüngere –, wenn man einen Schatten sieht, dann deutet dieser Schatten auf Realitäten hin: die Realitäten sind schon da! – Also nicht das Denken als solches ist damit angefochten, aber daß man aus dem Denken den lebendigen Geist verloren hat.

Der Ältere sagte: Es muß eben in dem Denken – dadurch, daß der Mensch seine Blicke liebevoll hinwendet auf die äußere Natur und Offenbarung als Offenbarung hinnimmt, nicht mit dem Denken an die Offenbarung herangeht –, es muß eben in dem Denken für die frühere himmlische Realität wiederum eine irdische Realität gefunden werden.

Was wird eintreten? – sagte der Jüngere. Wird die europäische Menschheit so stark sein, um diese irdische Realität des Denkens zu finden, oder wird sie nur so schwach sein, um die himmlische Realität des Denkens zu verlieren?

Darinnen, in diesem Zwiegespräch, liegt eigentlich alles, was in bezug auf die europäische Zivilisation heute noch gelten kann. Denn nach jener Zwischenzeit mit der Verdunkelung der Lebendigkeit im Denken, die nun da war, muß eben wiederum das Erringen des lebendigen Denkens eintreten, sonst wird die Menschheit schwach bleiben und die eigene Realität über der Realität des Denkens verlieren. Daher ist es schon notwendig, daß seit dem Eintreten unseres Weihnachtsimpulses in der anthroposophischen Bewegung rückhaltlos gesprochen werde in Form des lebendigen Denkens. Sonst kommen wir immer mehr und mehr dazu, daß auch dasjenige, was da oder dorther gewußt wird – daß der Mensch physischen Leib, Ätherleib, Astralleib hat –, nur mit den Formen des toten Denkens erfaßt wird. Aber das darf nicht mit den Formen des toten Denkens erfaßt werden, denn dann ist es eigentlich eine entstellte Wahrheit, nicht die Wahrheit selber.

Das ist, was ich heute charakterisieren wollte. Wir müssen dazu kommen, mit innerem Anteil über die gewöhnliche Geschichte hinaus Sehnsucht nach derjenigen Geschichte zu haben, die im Geiste gelesen werden muß und gelesen werden kann. Diese Geschichte, sie soll immer mehr und mehr in der anthroposophischen Bewegung gepflegt werden. Heute wollte ich, ich möchte sagen, mehr das Konkret-Programmatische nach dieser Richtung hin vor Ihre Seele stellen, meine lieben Freunde. Manches ist aphoristisch gesagt worden, aber der Zusammenhang in diesen Aphorismen, die ich heute gesprochen habe, wird Ihnen aufgehen, wenn Sie versuchen, das, was ausgesprochen werden wollte, weniger intellektualistisch zu verfolgen, als vielmehr es mit dem ganzen Menschen zu erfühlen – erkennend es erfühlen, fühlend es erkennen –, damit immer mehr und mehr wirklich von Spiritualität getragen werde nicht nur, was innerhalb unserer Kreise gesagt wird, sondern auch das, was innerhalb unserer Kreise gehört wird.

Erziehung brauchen wir zum spirituellen Anhören, dann werden wir unter uns die Spiritualität entwickeln. Diese Empfindung wollte ich heute anregen, nicht einen systematischen Vortrag halten, sondern mehr oder weniger – allerdings mit Berufung auf allerlei geistige Tatsachen – zu Ihren Herzen sprechen.

ZWEITER VORTRAG

Dornach, 4. Juli 1924

Ich werde heute noch einiges darüber anzudeuten haben, wie die karmischen Vorbereitungskräfte im Menschen dann weiter ihre Entwickelung durchmachen, wenn der Mensch durch die Pforte des Todes gegangen ist. Wir müssen uns ja vorstellen, daß für das gewöhnliche Bewußtsein die Sache so liegt, daß die Bildung des Karma, jener Verkehr überhaupt mit der Welt, den man karmisch nennen kann, sich im Menschen mehr instinktiv abspielt. Wir sehen die Tiere instinktiv handeln. Gerade solche Worte, die sehr häufig innerhalb und außerhalb der Wissenschaft gebraucht werden, wie Instinkt, werden ja gewöhnlich in ganz unbestimmter Weise gebraucht. Man gibt sich keine Mühe, etwas Deutlicheres darunter sich vorzustellen. Was ist denn eigentlich bei den Tieren dasjenige, was man Instinkt nennt?

Wir wissen, die Tiere haben eine Gruppenseele. Das Tier ist ja, so wie es ist, kein abgeschlossenes Wesen, sondern dahinter steht die Gruppenseele. Welcher Welt gehört denn eigentlich die Gruppenseele an? Da muß man die Frage beantworten: Wo findet man die Gruppenseelen der Tiere? Hier in der physisch-sinnlichen Welt findet man die Gruppenseelen der Tiere ja nicht, hier sind nur die einzelnen Individuen der Tiere. Man findet die Gruppenseelen der Tiere erst, wenn man entweder durch Initiation oder im gewöhnlichen Verlauf der menschlichen Entwickelung zwischen dem Tode und einer neuen Geburt in die ganz andere Welt hineinkommt, die der Mensch zwischen Tod und neuer Geburt durchmacht. Da findet man unter den Wesenheiten, mit denen man dann zusammen ist und unter denen ja vorzugsweise diejenigen sind, die ich angeführt habe als solche, mit denen man das Karma ausarbeitet, die Gruppenseelen der Tiere. Und die Tiere, die hier auf dieser Erde sind, handeln, wenn sie instinktiv handeln, aus dem vollen Bewußtsein dieser Gruppenseelen heraus. So können Sie sich vorstellen, meine lieben Freunde, wie, wenn wir, schematisch gezeichnet, hier das Reich haben, in dem wir zwischen Tod und neuer Geburt leben (siehe Zeichnung, gelb), die Kräfte wirken, die von den Gruppenseelen der Tiere ausgehen (blau). Die sind da drinnen auch. Und hier auf dieser Erde sind dann die einzelnen Tiere, die wirken, indem sie gewissermaßen an den Fäden gezogen werden, die zu den Gruppenseelen hingehen, die man in dem Reiche zwischen dem Tod und einer neuen Geburt findet. Das ist Instinkt.

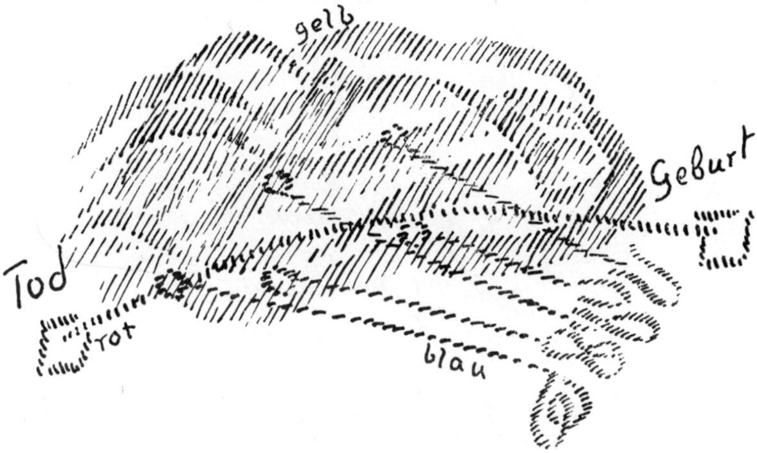

Es ist ganz natürlich, daß eine materialistische Weltanschauung den Instinkt nicht erklären kann, weil der Instinkt ein Handeln aus dem heraus ist, was Sie zum Beispiel in meinem Buche «Theosophie» und in meiner «Geheimwissenschaft im Umriß» als «Geisterland» bezeichnet finden. Beim Menschen ist das anders. Der Mensch hat auch einen Instinkt, aber er handelt, wenn er hier ist, durch diesen Instinkt nicht aus diesem Reiche heraus, sondern er handelt aus seinen früheren Erdenleben heraus, über die Zeit hinaus aus seinen früheren Erdenleben, aus einer Anzahl früherer Erdenleben (rot). Wie das geistige Reich auf die Tiere in der Art wirkt, daß sie instinktiv handeln, so wirken die früheren Inkarnationen des Menschen auf die späteren Inkarnationen so, daß das Karma einfach instinktmäßig ausgelebt wird, aber es ist ein geistiger Instinkt, es ist ein Instinkt, der innerhalb des Ich wirkt. Gerade wenn man dies ins Auge faßt, wird man die absolut widerspruchslose Vereinigung dieses Instinktwirkens mit der menschlichen

Freiheit ins Auge fassen. Denn die Freiheit wirkt aus dem Gebiete heraus, aus dem die Tiere instinktiv wirken: aus dem Geisterreiche heraus.

Nun wird es sich uns aber heute viel mehr darum handeln, wie dieser Instinkt sich vorbereitet, wenn der Mensch durch die Pforte des Todes geht. Hier im Erdenleben ist das karmische Erleben eben instinktiv, es spielt sich sozusagen unter der Oberfläche des Bewußtseins ab.

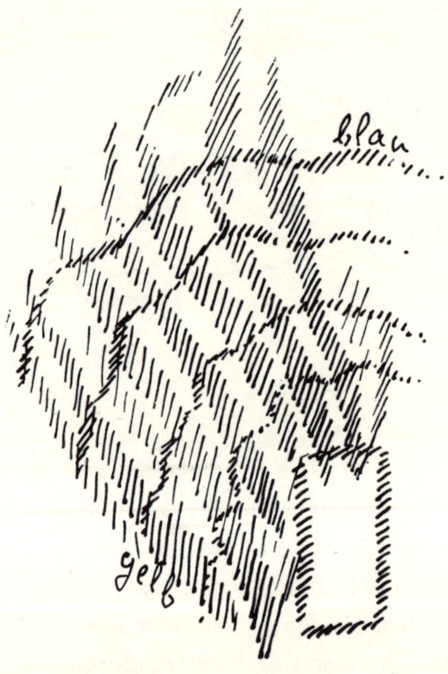

In dem Augenblicke, wo wir durch die Pforte des Todes gegangen sind, wird alles das, was wir zunächst auf Erden erlebt haben, während weniger Tage ja objektiv bewußt; wir haben es vor uns in sich immer vergrößernden Bildern. Da geht mit dem, was wir da überschauen, auch dasjenige mit, was sich instinktiv im karmischen Walten abgespielt hat. So daß also, wenn der Mensch durch die Pforte des Todes schreitet und das Leben, sich immer mehr vergrößernd (siehe Zeichnung, gelb) vor seinem Anblick sich abspielt, mit alledem auch dasjenige mitgeht, was ihm nur instinktiv, nicht bewußt war: das ganze karmische Gewebe (blau). Das sieht er nicht gleich in den nächsten Tagen nach dem Tode, aber er sieht allerdings das, was er sonst nur in der blassen Erinnerung überblickt, in lebendiger Gestaltung; er sieht zum Beispiel, daß da schon etwas anderes drinnen ist als die gewöhnliche Erinnerung. Wenn man dann mit dem Initiationsblick überschaut, was da der Mensch vor sich hat, so kann man folgendes ausführen.

Der Mensch selbst, der gestorben ist und das gewöhnliche Bewußtsein gehabt hat während des Erdenlebens, sieht ja sozusagen dasjenige, was er da vor sich hat als sein Erdenleben in einem mächtigen Panorama, das sieht er ja sozusagen von vorne (siehe Zeichnung, blau). Mit

dem Initiationsblick kann man es auch von der anderen Seite, von rückwärts anschauen (gelb), dann sprießt da heraus das Netz der karmischen Zusammenhänge. Da sieht man es dann, dieses Netz der karmischen Zusammenhänge, die ja zunächst noch aus Gedanken gesponnen sind, die in dem Willen während des Erdenlebens gelebt haben – da kommt es heraus.

Aber jetzt gliedert sich gleich ein anderes an, meine lieben Freunde. Ich habe es Ihnen ja oftmals betont: die Gedanken, die man während des Erdenlebens bewußt durchlebt, sind tot; diejenigen Gedanken aber, die ins Karma hineinverwoben sind, und die da herauskommen, sie sind lebendig. So daß nach dem Rückwärts der Lebensüberschau lebendige Gedanken heraussprießen. Und jetzt ist das ungeheuer Bedeutsame und Wesenhafte dieses, daß nun die Wesen der dritten Hierarchie herankommen und das, was da aufsprießt, ich möchte sagen von der Hinterseite der Lebensüberschau, in Empfang nehmen. Angeloi, Archangeloi, Archai saugen gewissermaßen dasjenige auf, was da aufsprießt, atmen es auf.

Das geschieht während der Zeit, während welcher der Mensch sich hinauflebt bis zum Ende der Mondsphäre. Dann tritt er ein in diese Mondsphäre, und die Rückwärtswanderung durch das Leben beginnt, die ein Drittel der Zeit dauert, die der Mensch auf der Erde durchlebt hat, die eigentlich, genauer gesprochen, so lange dauert, wie die Schlafenszeiten dauerten, die der Mensch auf der Erde verbracht hat.

Wie dieses Rückwärtsleben geschieht, habe ich Ihnen ja auch schon öfter dargestellt. Wir können uns aber zunächst fragen: Wenn der Mensch im gewöhnlichen Schlafe ist, wie ist er da im Verhältnis zu dem Zustande, in dem er so unmittelbar nach dem Tode ist? Ja, sehen Sie, wenn der Mensch in den gewöhnlichen Schlaf kommt, so ist er ja als geistig-seelisches Wesen nur in seinem Ich und in seinem astralischen Leibe. Er hat nicht seinen Ätherleib bei sich, der ist zurückgeblieben im Bette. Dadurch bleiben die Gedanken leblos, haben gar keine Wirkungsweise, sind Bilder. Jetzt, indem der Mensch durch die Pforte des Todes geht, nimmt der Mensch zunächst seinen Ätherleib mit, der sich dann vergrößert, und der Ätherleib hat nun nicht nur für das physische Wesen das Belebende in sich, sondern auch für die Gedanken. Dadurch können die Gedanken lebendig werden, daß der Mensch eben seinen Ätherleib mitgenommen hat, der ja im Loslösen die lebendigen Gedanken hinausträgt von dem Menschen zu dem gnadenvollen Empfangen der Angeloi, Archangeloi, Archai hin.

Das ist zunächst, ich möchte sagen, der erste Akt, der sich abspielt im Leben zwischen dem Tod und einer neuen Geburt, daß jenseits der Schwelle des Todes herankommen an das, was sich vom Menschen loslöst, was seinem sich auflösenden ätherischen Leibe anvertraut ist, die Wesenheiten der dritten Hierarchie, daß das in Empfang genommen wird von den Wesenheiten der dritten Hierarchie. Und wir verrichten als Menschen ein gutes, ein schönes, ein herrliches Gebet, wenn wir über den Zusammenhang des Lebens mit dem Tode oder über einen Verstorbenen so denken, daß wir sagen:

> Es empfangen Angeloi, Archangeloi, Archai im Ätherweben
> das Schicksalsnetz des betreffenden Menschen.

Denn da schauen wir hin auf einen geistigen Tatbestand. Und es hängt schon etwas davon ab, ob Menschen geistige Tatbestände denken oder nicht, ob sie bloß mit Gedanken, die auf der Erde zurückbleiben, Tote begleiten, oder ob sie die Toten begleiten auf ihrem weiteren Wege mit Gedanken, die Abbilder sind dessen, was in jenem Reiche geschieht, in das der Tote eingetreten ist.

Das ist ja dasjenige, meine lieben Freunde, was der heutigen Initiationswissenschaft als so ungeheuer wünschenswert erscheint: daß innerhalb des Erdenlebens solches gedacht werde, was Abbild ist eines wirklichen geistigen Geschehens. Mit bloßem Theoriendenken, mit dem bloßen Denken darüber, daß der Mensch höhere Glieder hat, mit dem Aufzählen dieser höheren Glieder ist ja noch keine Verbindung hergestellt mit der geistigen Welt. Erst mit dem Denken von Realitäten, die sich in der geistigen Welt abspielen, ist eine solche Verbindung mit der geistigen Welt hergestellt.

Daher sollten es wiederum Herzen vernehmen können, was Herzen vernommen haben während der alten Initiationszeiten in den alten Mysterien, wo man den zu Initiierenden eindrucksvoll immer zugerufen hat: Machet mit die Schicksale der Toten! Es ist ja nur das mehr oder weniger abstrakt gewordene Wort davon geblieben: «Memento mori», das auf den gegenwärtigen Menschen nicht mehr in der tiefen Weise wirken kann, weil es eben abstrakt geworden ist, weil es nicht das Bewußtsein hinausdehnt in ein lebendigeres Leben, als es hier in der Sinneswelt ist.

Und was da der Empfang des menschlichen Schicksalsnetzes ist durch Angeloi, Archangeloi, Archai, das entwickelt sich so, daß man den Eindruck hat: das webt und lebt in violett-blauer Ätheratmosphäre. Es ist Weben und Leben in violett-blauer Ätheratmosphäre.

Und wenn sich der Ätherleib auflöst, das heißt, wenn die Gedanken eingeatmet sind von Angeloi, Archangeloi, Archai, dann tritt der Mensch nach einigen Tagen in dieses Zurückleben ein, wie ich es Ihnen geschildert habe. Da erlebt der Mensch seine Taten, seine Willensimpulse, seine Gedankenrichtungen so, wie sie gewirkt haben in den anderen Menschen, denen er irgend etwas Gutes oder Böses zugefügt hat. Er lebt sich ganz ein in die Gemüter der anderen Menschen, er lebt nicht in seinem eigenen Gemüte. Mit dem deutlichen Bewußtsein, daß er es ist, der mit diesen Dingen etwas zu tun hat, erlebt er die Erlebnisse, die in den Tiefen der Seelen der anderen Menschen vor sich gegangen sind, mit denen er in karmische Verbindung getreten ist, denen er überhaupt irgend etwas in Gutem oder Bösem zugefügt hat. Da zeigt es sich wieder, wie nunmehr dasjenige aufgenommen wird, was der Mensch so erlebt. Er erlebt es in voller Wirklichkeit, in einer Wirklichkeit, die ich ja schildern mußte als wirklicher noch als die Sinneswirklichkeit zwischen der Geburt und dem Tode. Er erlebt also eine Realität, in der er, ich möchte sagen, glutvoller drinnen steht als hier im Erdenleben.

Schaut man das wiederum mit dem Blick der Initiationseinsicht von der anderen Seite an, so sieht man, wie jetzt das, was da der Mensch erlebt, in die Wesenhaftigkeit, in die Realität der Kyriotetes, Dynamis, Exusiai aufgenommen wird. Die saugen die Negative der menschlichen Taten auf. Die durchdringen sich damit. Und dieser Blick, dieser Initiiertenblick, der nun auf dieses ganz Wunderbare hinschaut, wie der Menschen in Gerechtigkeit umgesetzte Tatenfolgen aufgesogen werden von Exusiai, Dynamis, Kyriotetes, dieser ganze Anblick versetzt denjenigen, der ihn hat, in ein solches Bewußtsein, daß er sich weiß im Mittelpunkt der Sonne, und damit im Mittelpunkte des Planetensystems. Er schaut vom Gesichtspunkt der Sonne aus auf dasjenige, was geschieht. Und er sieht ein lilaartiges Weben und Leben, er sieht das Aufsaugen der in Gerechtigkeit umgesetzten Menschentaten durch Exusiai, Dynamis und Kyriotetes in dem Weben und Leben einer hellvioletten, einer lilafarbigen Astralatmosphäre.

Sehen Sie, da hat man die Wahrheit, daß der Sonnenanblick, so wie er sich dem Erdenmenschen darstellt, ja nur von der einen Seite her ist, von der Peripherie her. Vom Mittelpunkte erscheint die Sonne als das Feld, wo die Geisteswirkungen, die Taten von Exusiai, Dynamis, Kyriotetes vor sich gehen. Da ist alles geistige Tat, geistiges Ereignis. Da finden wir, ich möchte sagen, die Rückseite der Bilder des Erdenlebens, das wir hier zwischen der Geburt und dem Tode erleben.

Und wiederum denken wir in der richtigen Weise an dasjenige, was da geschieht, wenn wir den Gedanken so gestalten, daß wir das Wort, das gewöhnlich bloß für Verwehen, Vergehen, Verwelken, Vernichtetwerden gebraucht wird, in seiner eigentlichen Bedeutung nehmen. Wir haben das Wort «Wesen», wir haben das Wort «Geben». Wenn wir sagen: «Vergeben», so heißt das «Hingeben». Nur im Kartenspiel heißt es anders, aber in der naturgemäßen Sprache heißt es «Hingeben». Wenn wir sagen: «Verwesen», heißt es: das Wesen hinleiten. Mit diesem Bewußtsein bilden wir den Satz:

Es verwesen in Exusiai, Dynamis, Kyriotetes
im Astralempfinden des Kosmos
die gerechten Folgen des Erdenlebens des Menschen.

Dann, wenn dieses vollbracht ist, wenn der Mensch dieses Drittel des irdischen Lebens verlebt hat nach dem Tode, zurückgewandert ist, sich nun wiederum am Ausgangspunkte des Erdenlebens, aber im Geistesraum fühlt, in dem Momente vor seinem Eintritt in das Erdenleben, da tritt der Mensch, man kann sagen, durch den Mittelpunkt der Sonne in das eigentliche Geisterland ein. Da drinnen werden nun diese ins Gerechte umgesetzten Erdentaten aufgenommen in die Tätigkeit der ersten Hierarchie. Da gelangen sie in den Bereich der Seraphim, Cherubim und Throne. Da tritt der Mensch ein in ein Reich, bei dessen Betreten er fühlt: was auf der Erde durch mich geschehen ist, das nehmen in ihr eigenes Tatenwesen auf Seraphim, Cherubim und Throne.

Bedenken Sie nur, meine lieben Freunde, wir denken richtig über dasjenige, was mit dem Toten vorgeht im weiteren Leben nach dem Tode, wenn wir den Gedanken hegen: Das, was er hier auf der Erde am Schicksalsnetz gesponnen hat, das wird zunächst aufgefangen von Angeloi, Archangeloi, Archai. Die tragen es hin, in dem nächsten Abschnitt zwischen dem Tod und einer neuen Geburt, in den Bereich der Exusiai, Dynamis, Kyriotetes. Diese werden umfangen, umsponnen von den Wesenheiten der ersten Hierarchie. Und immer wird in diesem Umspinnen, Umfangen in das Wesen, in das Tatenwesen, in das Tun der Throne, Cherubim und Seraphim des Menschen Tun auf Erden aufgenommen. Und wir denken wiederum richtig, wenn wir uns nun zu dem ersten und zu dem zweiten Satze den dritten hinzufügen:

Es auferstehen in Thronen, Cherubim, Seraphim
als deren Tatenwesen
die gerechten Ausgestaltungen des Erdenlebens des Menschen.

So daß, wenn man den Initiationsblick hinrichtet auf das, was fortwährend geschieht in der geistigen Welt, wir hier auf der Erde das Treiben der Menschen haben mit ihrem Karma-Instinkte, mit dem, was sich als das Schicksalsgewebe abspielt: ein mehr oder weniger dem Gedankengewebe ähnliches Gewebe. Richten wir aber den Blick hinauf in die geistigen Welten, dann sehen wir, wie dasjenige, was einstmals Erdentaten der Menschen war, nachdem es durch Angeloi, Archangeloi, Archai, Exusiai, Dynamis, Kyriotetes durchgegangen ist, aufgenommen wird, sich oben als Himmelstaten verbreitet bei Thronen, Cherubim, Seraphim.

1. Es empfangen Angeloi, Archangeloi, Archai im Ätherweben
   das Schicksalsnetz des Menschen.

2. Es verwesen in Exusiai, Dynamis, Kyriotetes
   im Astralempfinden des Kosmos
   die gerechten Folgen des Erdenlebens des Menschen.

3. Es auferstehen in Thronen, Cherubim, Seraphim
   als deren Tatenwesen
   die gerechten Ausgestaltungen des Erdenlebens des Menschen.

Das, meine lieben Freunde, ist insbesondere in der Gegenwart eine bedeutsame, eine unendlich bedeutsame und eine unendlich erhabene

Tatsachenreihe. Denn jetzt eben ist es so im eingetretenen Michael-Reiche, daß, ich möchte sagen, in diesem weltgeschichtlichen Augenblicke geschaut werden können die Taten derjenigen Menschen, die vor Ablauf des Kali Yuga in den achtziger, neunziger Jahren des vorigen Jahrhunderts hier auf Erden gelebt haben; dasjenige, was damals war unter Menschen, das ist jetzt aufgenommen worden von Thronen, Cherubim und Seraphim. Aber niemals war der geistige Lichtkontrast ein so großer, wie er in der Gegenwart ist für diese Tatsachenreihe.

Wenn man in den achtziger Jahren des vorigen Jahrhunderts den Blick hinaufgerichtet hat und gesehen hat, wie die Revolutionsleute von der Mitte des 19. Jahrhunderts in ihren Taten gewissermaßen oben aufgenommen wurden von Thronen, Cherubim und Seraphim, dann sah man, daß etwas von Düsternis über der Mitte des 19. Jahrhunderts lagerte. Und es hellte sich nur wenig auf dasjenige, was man dann sah beim Übergange in das Reich der Seraphim, Cherubim und Throne.

Wenn man aber jetzt zurückblickt auf das, was am Ende des 19. Jahrhunderts als Taten der Menschen in dem Verhältnis der Menschen untereinander sich abgespielt hat, dann – nachdem man eben noch klar hat sehen können in dieser auslaufenden Kali Yugazeit, nachdem man eben noch einigermaßen hat sehen können, was sich da abgespielt hat und sozusagen wie verwehende Gedankenmassen durchschauen konnte dasjenige, was sich schicksalsmäßig unter diesen Menschen vom Ende des Kali Yuga abgespielt hat –, dann entschwindet einem das, und man schaut dasjenige, was himmelwärts daraus geworden ist, in einem strahlend hellen Lichte.

Das aber bezeugt nichts anderes als die ungeheure Bedeutung dessen, was da eigentlich geschieht im Umsetzen von Menschen-Erdentaten in Seelen-Himmelstaten in der Gegenwart. Denn, was der Mensch als sein Schicksal, als sein Karma erlebt, das spielt sich ab für ihn, in ihm, um ihn, von Erdenleben zu Erdenleben. Aber dasjenige, was sich abspielt noch in der Region der Himmelswelten als die Folge dessen, was er hier auf der Erde erlebt und verrichtet hat, das wirkt fortwährend auch in der historischen Gestaltung des Erdenlebens weiter. Das spielt sich ab in dem, was der Mensch hier auf Erden nicht als einzelner Mensch beherrscht.

Nehmen Sie diesen Satz nur in seiner vollen Schwere, meine lieben Freunde. Der einzelne Mensch erlebt sein Schicksal. Schon wenn zwei Menschen zusammenwirken, entsteht ja ganz etwas anderes als der Vollzug des Schicksals des einen und des anderen Menschen. Es spielt sich sozusagen zwischen den beiden Menschen etwas ab, was herausgeht aus demjenigen, was jeder einzelne erlebt. Für das gewöhnliche Bewußtsein ist ja kein Zusammenhang zunächst bemerkbar zwischen dem, was sich da zwischen Menschen abspielt, und dem, was oben in den geistigen Welten geschieht. Nur wenn heilig-geistiges Handeln hereingeholt wird in die physisch-sinnliche Welt, wenn die Menschen bewußt ihre physisch-sinnlichen Taten so umgestalten, daß sie zugleich Taten in der geistigen Welt sind, dann wird ein solcher Zusammenhang hergestellt.

Aber alles das, was dann zwischen Menschen geschieht im größeren Umkreise, das ist ja noch etwas anderes, als was der einzelne Mensch als Schicksal erlebt. Das alles, was so nicht einzelmenschliches Schicksal ist, sondern was durch das Zusammen-Denken und Zusammen-Empfinden, Zusammen-Fühlen und Zusammen-Handeln der Menschen auf Erden bewirkt wird, das steht im Zusammenhange mit demjenigen, was da oben Seraphim, Cherubim und Throne tun. Und in das fließen ein die Taten der Menschen in dem Zusammenhange dieser Menschen, und auch die einzelnen menschlichen Erdenleben.

Dann ist eben der weitere Anblick, der sich dem Initiiertenblick darbietet, von einer besonderen Wichtigkeit. Wir schauen hinauf. Oben zeigt sich heute die himmlische Tatenfolge desjenigen, was in den letzten siebziger Jahren, den achtziger, den neunziger Jahren des vorigen Jahrhunderts sich hier auf Erden abgespielt hat. Dann ist es, wie wenn ein feiner Regen, ein geistiger Regen herunterfiele auf die Erde und benetze die Menschenseelen und triebe sie zu dem, was zwischen den Menschen gewissermaßen historisch entsteht.

Und da kann man dann wiederum sehen, wie in lebendigen Gedanken-Spiegelbildern dasjenige auf dem Umwege durch Seraphim, Cherubim und Throne heute lebt, was in den siebziger, achtziger, neunziger Jahren des 19. Jahrhunderts hier auf der Erde durch Menschen getan worden ist.

Wenn man dieses durchblickt, ist es einem ja wirklich oftmals so, daß man ganz genau sieht: Man spricht heute mit einem Menschen; dasjenige, was er einem sagt durch die allgemeine Meinung, was nicht aus seinen eigenen Emotionen, seinen inneren Impulsen kommt, sondern was er einem sagt, weil er eben ein Angehöriger dieses Zeitalters ist, das erscheint einem oftmals wie im Zusammenhang stehend mit denjenigen Menschen, die in den siebziger, achtziger, neunziger Jahren des vorigen Jahrhunderts gelebt haben. Es ist wirklich so, daß man manchen heutigen Menschen wie in einer Geistversammlung sieht, umringt von gewissen Menschen, die sich um ihn bemühen, die aber eigentlich nur die vom Himmel geregneten Nachbilder dessen sind, was durch Menschen im letzten Drittel des 19. Jahrhunderts gelebt hat.

So gehen wirklich auf geistige Art die Revenants, ich möchte sagen, die sehr realen Gespenster eines früheren Zeitalters, in einem späteren Zeitalter um. Es ist das eine der feinen, generellen Karmawirkungen, die in der Welt vorhanden sind, und die oftmals auch von den okkultesten der Okkultisten nicht beachtet werden. Man möchte manchem, der einem heute etwas nicht Persönliches, sondern Stereotypes sagt, ins Ohr raunen: Das hat dir der oder jener im letzten Drittel des 19. Jahrhunderts gesagt!

So erst wird das Leben ein Ganzes. Und wieder muß von diesem Zeitalter, von diesem mit dem Ablauf des Kali Yuga begonnenen Zeitalter gesagt werden, daß es sich unterscheidet von allen zunächst historischen früheren Zeitaltern. Es unterscheidet sich in der Art, daß tatsächlich diejenigen Menschentaten, die verflossen sind im letzten Drittel des 19. Jahrhunderts, auf das erste Drittel dieses 20. Jahrhunderts den denkbar größten Einfluß haben.

Meine lieben Freunde, ich sage es, indem ich damit etwas bezeichnen will, was fern ist allem Gebrauche von abergläubischen Worten, ich sage es als etwas, das mit dem vollen Bewußtsein, eine exakte Tatsache auszusprechen, gesagt wird: Noch nie sind so vernehmbar die Gespenster der letzten uns vorangegangenen Zeit unter uns herumgegangen wie in der Gegenwart. Und wenn die Menschen heute diese Gespenster nicht wahrnehmen, so ist es nicht deshalb, weil wir im finsteren Zeitalter leben, sondern weil die Menschen zunächst noch durch das Licht des lichten Zeitalters geblendet sind. Dadurch ist das, was durch die Revenants des vorigen Jahrhunderts unter uns vollzogen wird, etwas so ungeheuer Fruchtbares für die Ahrimanleute. Die Ahrimanleute wirken heute, ohne daß es die Menschen bemerken, in einer besonders schlimmen Weise. Sie versuchen, möglichst viel von diesen Gespenstern des vorigen Jahrhunderts, ich möchte sagen, ahrimanisch zu galvanisieren und zu Einfluß zu bringen auf die Menschen der Gegenwart.

Man kann durch nichts diesem ahrimanischen Zuge unseres Zeitalters mehr entgegenkommen als durch alles das, was geschieht, indem sich für die Verirrungen des vorigen Jahrhunderts, die ja eigentlich heute für die Einsichtigen längst verglommene Ideen sind, populäre Vereinigungen bilden. Das Laientum hat ja niemals so stark in einem Zeitalter die Verirrungen des vorigen Zeitalters popularisiert wie in dem heutigen Zeitalter, wie in der Gegenwart. Und man kann schon sagen: will man das Wesen der ahrimanischen Taten kennenlernen, so kann man das heute eigentlich überall, wo man Versammlungen besucht, die aus dem gewöhnlichen Bewußtsein heraus wirksam sind. Man hat heute viel Gelegenheit, den Ahrimanismus in der Welt kennenzulernen, denn er wirkt außerordentlich stark. Und er ist es ja, der auf diesem Umwege, wie ich es heute geschildert habe, die Menschen abhält davon, dasjenige in ihr Herz, in ihre Seele aufzunehmen, was neu hervortreten muß, weil es eben früher nicht da war, wie das, was eben in der Anthroposophie zutage tritt.

Die Menschen sind schon zufrieden, wenn sie nur irgendwie dasjenige, was in der Anthroposophie neu zutage tritt, decken können mit irgendeinem alten Ausspruch. Man soll nur sehen, wie zufrieden die Menschen sind, wenn in irgendeinem Vortrage von mir etwas vorkommt, von dem dann einer sagen kann: Sieh einmal, das steht auch in einem alten Buche. – Es steht doch ganz anders darinnen, eben aus ganz anderen Bewußtseinsgründen heraus! Aber man ist so wenig mutig, das, was auf dem Boden der Gegenwart wächst, aufzunehmen, daß man sich schon beruhigt fühlt, wenn man so etwas aus der Vergangenheit herbeibringen kann.

Das eben bezeugt, wie stark Vergangenheitsimpulse auf die gegenwärtigen Menschen wirken und wie beruhigt sich die Menschen der Gegenwart fühlen, wenn Vergangenheitsimpulse auf sie wirken. Und das kommt eben davon her, daß dieses 19. Jahrhundert so stark in das 20. Jahrhundert noch hereinwirkt. Künftige Betrachter der Menschheitsgeschichte der Gegenwart, die ja geistig schildern werden, während wir heute bloß aus Dokumenten schildern, die werden vor allen Dingen das zu schildern haben, was in den Worten liegt: Schaut man hin auf den Beginn des 20. Jahrhunderts, auf die ersten drei Jahrzehnte, so nimmt sich alles das zumeist so aus, wie wenn es eigentlich getan wäre von den Schattenbildern der Menschentaten vom Ende des 19. Jahrhunderts.

Wenn ich vielleicht ein Wort hier aussprechen darf, das wahrhaftig nicht politisch gemeint ist – Politik muß aus unserer Anthroposophischen Gesellschaft ganz herausbleiben –, aber wenn ich ein Wort hier aussprechen darf, das eben einfach Tatsachen charakterisieren soll, so ist es dieses: Man kann hinschauen auf die weltumwälzenden Taten – Geschehnisse, meine ich, Ereignisse, denn Taten waren es ja nicht –, aber auf die weltumwälzenden Ereignisse namentlich des zweiten Jahrzehnts des 20. Jahrhunderts. Es ist ja schon so oft ausgesprochen worden, daß es eine Trivialität geworden ist, zu sagen, daß eigentlich, solange die Zeit währt, über die man Geschichte schreibt, solch Weltumwälzendes sich nicht zugetragen hat. Aber stehen denn nicht die Menschen im Grunde genommen in diesen weltumwälzenden Taten so darinnen, als wenn sie nicht darinnen stünden? Man geht überall herum; es ist so, als ob sich die weltumwälzenden Ereignisse außerhalb der Menschen abspielten, als wenn die Menschen gar keinen Anteil daran hätten. Man möchte fast jeden Menschen, den man heute trifft, fragen: Ja, hast denn du mitgemacht das zweite Jahrzehnt des 20. Jahrhunderts? Und erst, wenn man die Sache noch von einem anderen Gesichtspunkte ansieht: wie hilflos nehmen sich die Menschen aus, wie unendlich hilflos, wie hilflos im Urteilen, wie hilflos im Tun! Ministerstühle sind ja noch niemals unter so großen Schwierigkeiten besetzt worden wie in dieser Zeit. Bedenken Sie nur, wie kurios es ist, was nach dieser Richtung eigentlich geschieht, wie hilflos die Menschen sind in dem, was sich da abspielt! Da kommt man schon darauf, die Frage aufzuwerfen: Ja, wer tut denn da eigentlich etwas? Wer ist denn daran beteiligt? Nun, wer daran beteiligt ist, meine lieben Freunde, das sind, mehr als die Menschen der Gegenwart, die Menschen vom letzten Drittel des 19. Jahrhunderts. Deren Schattenkräfte sieht man in allem wirksam.

Sehen Sie, das ist das Geheimnis unserer Zeit. Man möchte sagen: Keine anderen Toten waren jemals so mächtig wie diejenigen vom letzten Drittel des neunzehnten Jahrhunderts. Das ist auch ein Weltaspekt. Und wenn man mit Bezug auf den geistigen Inhalt sich die entsprechenden Dinge anschaut im einzelnen Falle, kommt man doch auf ganz Merkwürdiges.

Es hat sich für mich darum gehandelt, ob ich bei der Neuauflage meiner Schriften, die geschrieben worden sind in den siebziger, achtziger, neunziger Jahren des vorigen Jahrhunderts, dies oder jenes ändern sollte. Diejenigen, die einfache Philister der Gegenwart sind, sagen: Alles hat sich erneut; die wissenschaftlichen Theorien und Hypothesen von dazumal sind ja längst abgetane Dinge. – Betrachtet man aber die Sache vom realen Standpunkte, so kann man nichts ändern. Denn eigentlich steht hinter jedem, der heute ein Buch schreibt, oder der von einer Lehrkanzel herunterspricht, einer dahinter im Schattenbilde: da sprechen noch immer die Du Bois-Reymonds, die Helmholtzens, die Haeckels, diejenigen, die eben in der damaligen Zeit gesprochen haben; in der Medizin die Oppolzer, Billroths und so weiter. Das ist etwas vom Geheimnis der Gegenwart. Deshalb sagt die Initiationswissenschaft: Niemals waren die Toten so mächtig wie in unserem Zeitalter.

Das ist dasjenige, was ich jetzt in diese Karmabetrachtungen einfügen wollte.

DRITTER VORTRAG

Dornach, 6. Juli 1924

Wir haben gesehen, wie die Betrachtung des Karma, in dem das menschliche Schicksal eingeschlossen ist, führt von den weitesten Verhältnissen des Weltenalls, von den Sternenwelten, bis hinein in die intimsten Erlebnisse des menschlichen Herzens, insofern dieses Herz ja ein Ausdruck ist für alles das, was der Mensch im Leben auf sich wirken fühlt, was mit ihm im Zusammenhange des Erdendaseins vorgeht. Wir werden immer wiederum, wenn wir gerade aus einem tieferen Verständnis der karmischen Zusammenhänge heraus zum Urteilen kommen wollen, aufgefordert, nach diesen beiden so entfernt voneinander liegenden Gebieten des Weltendaseins hinzuschauen. Man muß eigentlich sagen: Was man sonst auch betrachtet, sei es die Natur, sei es die mehr natürliche Konfiguration der Menschheitsentwickelung in der Geschichte oder das Völkerleben, es führt alles nicht so hoch hinauf in kosmische Gebiete wie gerade die Karmabetrachtung. Diese Karmabetrachtung, sie macht uns überhaupt aufmerksam auf die Zusammenhänge des menschlichen, hier auf der Erde vollbrachten Lebens mit dem, was in den Weltenweiten vorgeht. Wir sehen dieses menschliche Leben auf der Erde, wenn es in gewissen Zusammenhängen seine Grenze erreicht, sich entfalten bis etwa zum siebzigsten Jahre. Was darüber hinaus ist, ist eigentlich ein gnadevoll geschenktes Leben. Was darunter ist, steht unter karmischen Einflüssen; die werden wir noch zu betrachten haben.

Aber man kann – das haben wir ja schon öfter von verschiedenen Gesichtspunkten aus in den mannigfaltigsten Betrachtungen berührt – ein menschliches Erdenleben auf etwa zweiundsiebzig Jahre rechnen. Zweiundsiebzig Jahre ist nun auch, vor dem Hintergrund der Geheimnisse des Kosmos gesehen, eine merkwürdige Zahl, deren Bedeutung einem eigentlich erst dann so richtig aufgeht, wenn man, ich möchte sagen, das kosmische Geheimnis des menschlichen Erdenlebens in Betracht zieht. Wir haben ja geschildert, was die Sternenwelt vom geistigen Gesichtspunkte aus eigentlich ist. Wir kommen sozusagen, wenn wir in ein neues Erdenleben eintreten, aus der Sternenwelt in dieses Erdenleben zurück. Und da fällt einem auf, wie sich alte Anschauungen, auch wenn man traditionell gar nicht an sie anknüpft, einfach wieder ergeben, sobald man mit Hilfe der heutigen Geistesforschung sich dem entsprechenden Gebiet naht. Wir haben ja gesehen, wie die verschiedenen Planetensterne, wie die Fixsterne teilnehmen am menschlichen Leben, an dem, was das menschliche Leben durchdringt und durchzieht hier auf Erden. Letzten Endes, wenn wir ein ausgelebtes Erdenleben vor uns haben, das nicht gar zu sehr steckenbleibt in den unteren Grenzen, das wenigstens die Hälfte der Erdenzeit durchlebt, kann man sagen: der Mensch, indem er von geistig-kosmischen Weiten heruntersteigt zu einem irdischen Dasein, kommt immer von einem bestimmten Sterne her. Man kann diese Richtung verfolgen, und es ist nicht unsachlich, sondern im Gegenteil recht exakt, wenn wir davon sprechen, der Mensch habe einmal «seinen Stern». Ein bestimmter Stern, ein Fixstern, ist die geistige Heimat des Menschen.

Wenn man dasjenige, was ja außer Raum und Zeit erlebt wird zwischen dem Tode und einer neuen Geburt, umsetzt in seine räumliche Bildlichkeit, dann muß man dazu kommen, sich zu sagen: Jeder Mensch hat seinen Stern, der bestimmend ist für das, was er sich erarbeitet zwischen dem Tode und einer neuen Geburt, und er kommt aus der Richtung eines bestimmten Sternes her. – So daß wir schon in unser Gemüt die Vorstellung aufnehmen können: Wenn wir das gesamte Menschengeschlecht betrachten, das die Erde bewohnt, so finden wir, wenn wir hier auf der Erde Umschau halten und die Kontinente durchgehen, diese Kontinente bevölkert von den Menschen, die gegenwärtig inkarniert sind. Die anderen Menschen – wo finden wir sie im Weltenall? Wohin haben wir zu schauen im Weltenall, wenn wir den Seelenblick zu ihnen hinwenden wollen, nachdem sie dort eine bestimmte Zeit hindurch zugebracht haben nach dem Durchschreiten der Pforte des Todes? Wir schauen in die richtigen Richtungen, wenn wir hinschauen zum Sternenhimmel. Das sind die Seelen – wenigstens sind das die Richtungen, die uns die Seelen finden lassen –, die sich zwischen dem Tode und einer neuen Geburt befinden. Wir überschauen das ganze Menschengeschlecht, das die Erde bevölkert, wenn wir hinauf- und hinunterschauen.

Nur diejenigen, die eben auf dem Gange dahin oder auf dem Gange daher sind, finden wir in der planetarischen Region. Wir können aber nicht über die Mitternachtsstunde des Daseins sprechen zwischen dem Tode und einer neuen Geburt, ohne an einen Stern zu denken, den dann gewissermaßen, aber mit Berücksichtigung dessen, was ich über Sternenwesen gesagt habe, der Mensch bewohnt zwischen dem Tode und einer neuen Geburt. Wenn man mit einem solchen Wissen an den Kosmos herantritt, meine lieben Freunde: da draußen sind die Sterne, Weltenzeichen, aus denen uns entgegenschimmert und entgegenglänzt das Seelenleben derjenigen, die zwischen dem Tode und einer neuen Geburt sind – dann werden wir aufmerksam darauf, daß wir ja auch die Konstellation der Sterne daraufhin ansehen können, uns fragend: Wie hängt das alles, was wir in den Weltenweiten schauen, mit dem Menschenleben zusammen? – Wir lernen dann anders, gemütvoll hinaufschauen auf den silberglänzenden Mond, auf die blendende Sonne, auf die nächtlicherweile funkelnden Sterne; denn wir fühlen uns mit alledem auch menschlich vereint. Und das ist etwas, was durch Anthroposophie für Menschenseelen errungen werden soll: daß sich diese Menschenseelen mit dem ganzen Kosmos auch menschlich vereint fühlen. Aber dann auch gehen uns erst gewisse Geheimnisse des Weltendaseins auf.

Meine lieben Freunde, die Sonne geht auf und unter, die Sterne gehen auf und unter. Wir können verfolgen, wie die Sonne, sagen wir, untergeht in der Gegend, wo bestimmte Sterngruppen sind. Wir können jenen scheinbaren, wie man heute sagt, Gang, den die Sterne machen bei ihrem Umkreise um die Erde, verfolgen; wir können den Gang der Sonne verfolgen. Wir sagen heute, im Laufe von vierundzwanzig Stunden sei es so, daß die Sonne die Erde umkreist – scheinbar natürlich alles –, daß die Sterne die Erde umkreisen. So sagen wir, aber das ist ja nicht ganz richtig gesprochen. Wenn wir immer wieder und wiederum aufmerksam Sternengang und Sonnengang beobachten, so kommen wir dahinter, daß die Sonne im Verhältnis zu den Sternen nicht immer zur selben Zeit aufgeht, sondern immer ein klein wenig später; jeden Tag ein klein wenig später kommt sie an den Ort, an dem sie am vorhergehenden Tag im Verhältnis zu den Sternen gewesen ist. Und dann summieren sich diese Zeitstrecken, um die die Sonne immer zurückbleibt hinter dem Sternengang, summieren sich, werden eine Stunde, werden zwei Stunden, werden drei Stunden und werden schließlich ein Tag. Und der Zeitpunkt rückt heran, wo wir sagen können: die Sonne ist hinter dem Stern um einen Tag zurückgeblieben.

Und nun nehmen wir an, irgend jemand sei meinetwillen am ersten März irgendeines Jahres geboren, habe gelebt bis zum Ablauf des zweiundsiebzigsten Lebensjahres. Er feiert seinen Geburtstag immer am ersten März, weil die Sonne sagt, am ersten März sei dieser Geburtstag. Er kann ihn auch so feiern, denn die Sonne erglänzt durch die zweiundsiebzig Jahre hindurch, wenn sie auch weiterrückt im Verhältnis zu den Sternen, doch immer in der Nachbarschaft jenes Sternes, der geleuchtet hat, als der Mensch auf der Erde angekommen ist.

Wenn der Mensch aber zweiundsiebzig Jahre gelebt hat, dann ist ein voller Tag abgelaufen, und er kommt in seinem Lebensalter an einer Stelle an, wo die Sonne den Stern verlassen hat, in den sie gerade eingetreten ist, als er sein Leben angetreten hat. Und er kommt bei seinem Geburtstag über den ersten März hinaus: der Stern sagt nicht mehr dasselbe, was die Sonne sagt. Die Sterne sagen, es sei der zweite März, die Sonne sagt, es sei der erste März: der Mensch hat einen Weltentag verloren, denn es sind gerade zweiundsiebzig Jahre, daß die Sonne um einen Tag hinter dem Stern zurückbleibt.

Und während dieser Zeit, während sich die Sonne im Bereiche seines Sternes aufhalten kann, kann der Mensch auf der Erde leben. Dann, unter normalen Verhältnissen, wenn die Sonne nicht mehr seinen Stern beruhigt über sein irdisches Dasein, wenn die Sonne nicht mehr zu seinem Stern sagt: der ist unten, und ich gebe dir das, was dir dieser Mensch zu geben hat, von mir aus, während ich nun vorläufig, dich zudeckend, mit ihm dasjenige mache, was du sonst mit ihm machtest zwischen dem Tode und einer neuen Geburt, wenn die Sonne das nicht mehr zum Stern sagen kann, fordert der Stern den Menschen wiederum zurück.

Und da haben Sie die Vorgänge am Himmel als unmittelbar zusammenhängend mit dem menschlichen Dasein auf der Erde: Wir sehen in den Geheimnissen des Himmels das Lebensalter des Menschen ausgesprochen. Der Mensch kann zweiundsiebzig Jahre leben, weil die Sonne in dieser Zeit um einen Tag zurückbleibt. Dann kann sie also einen Stern, den sie vorher beruhigt hat, indem sie sich vor ihn gestellt hat, nicht mehr beruhigen, so daß der wieder frei geworden ist für die geistig-seelische Arbeit des Menschen im Kosmos.

Diese Dinge können eigentlich nicht anders begriffen werden, als wenn sie mit Ehrfurcht begriffen werden, mit jener Ehrfurcht, welche die alten Mysterien die Ehrfurcht vor dem Oberen genannt haben. Denn diese Ehrfurcht vor dem Oberen leitet uns immer wieder und wieder an, dasjenige, was hier auf Erden geschieht, im Zusammenhange zu sehen mit dem, was in der gewaltigen majestätischen Sternenschrift sich abspielt. Und es ist eigentlich doch ein recht eingeschränktes Leben, das die Menschen heute zum Beispiel führen, gegenüber dem Leben, das noch im Anfange der dritten nachatlantischen Periode geführt wurde, wo man überall beim Menschen gerechnet hat nicht nach demjenigen, was bloß seine Schritte auf der Erde verzeichnet, sondern nach dem, was über das Menschenleben die Sterne des Weltenalls sagen.

Sehen Sie, ist man einmal aufmerksam auf solche Zusammenhänge und ist man in der Lage, in seiner Seele solche Zusammenhänge mit Ehrfurcht aufzunehmen, dann wird man sich auch sagen können: Was immer hier auf der Erde vorgeht, hat ja sein Korrelat, sein Gegenbild in den geistigen Welten. Und in der Sternenschrift drückt sich aus, wie der Zusammenhang ist zwischen dem, was hier vorgeht, mit dem, was – wenn wir vom Erdengesichtspunkt aus sprechen – eine ziemliche Zeit vorher in der geistigen Welt sich abgespielt hat. Und eigentlich muß jede karmische Betrachtung in solch scheuer Ehrfurcht vor den Weltengeheimnissen angestellt werden.

Nun nähern wir uns einmal in solch scheuer Ehrfurcht einigen karmischen Betrachtungen, die in der nächsten Zeit hier gepflogen werden sollen. Nehmen wir einmal zunächst das eine: Hier sitzt eine Anzahl von Menschen, ein Ausschnitt aus dem, was man die Anthroposophische Gesellschaft nennt. Immerhin, ob der eine nun mit stärkeren, der andere mit schwächeren Banden vereinigt ist mit dieser Anthroposophischen Gesellschaft, es gehört schon zum Schicksal des Menschen, bei manchen zum grundlegenden, intensiven Schicksal, seinen Weg in die Anthroposophische Gesellschaft gefunden zu haben. Und es liegt nun einmal in jener Vergeistigung, welche die Anthroposophische Gesellschaft finden soll seit der Weihnachtstagung, nun auch immer bewußter und bewußter zu werden über dasjenige, was geistig-kosmisch einer solchen Gemeinschaft zugrunde liegt, wie es die Anthroposophische Gesellschaft ist. Dann kann auch aus diesem Bewußtsein heraus der einzelne in dieser Gesellschaft darinnenstehen.

Deshalb kann es immerhin begreiflich sein, daß mit jenen Verantwortlichkeiten, die sich ergeben aus der Weihnachtstagung her, nun auch damit begonnen wird, etwas über das Karma der Anthroposophischen Gesellschaft zu sprechen, über dieses recht komplizierte Karma; denn es ist ja ein allgemeines Karma, das aus dem karmischen Zusammenflusse vieler einzelner Menschen entsteht. Und wenn Sie alles das in seinem wahren Sinn und in seinem tiefen Sinn nehmen, was im Verlauf dieser Karmavorträge gesagt worden ist und was auch aus anderen Zusammenhängen hervorgeht, die hier betrachtet worden sind, dann werden Sie ja darauf kommen, meine lieben Freunde, daß dasjenige, was sich hier abspielt, indem eine Anzahl von Menschen durch ihr Karma in die Anthroposophische Gesellschaft hereingeführt werden, sein Vorgeschehen, so will ich es nennen, hat in einem Geschehen, das sich abgespielt hat mit diesen Menschen, bevor sie in das irdische Dasein eingetreten sind, und das wieder die Nachwirkung ist von Ereignissen, die sich in vorigen Erdenleben abgespielt haben.

Wenn Sie nun zunächst nur einmal den Gedanken schweifen lassen über alles das, was durch eine solche Idee angeregt wird, dann werden Sie sagen: Es kann dieser Gedanke allmählich dahin vertieft werden, daß die Geschichte geistig erscheint, die hinter der Anthroposophischen Gesellschaft steht. Nur kann das nicht im Fluge geschehen, sondern es kann nur langsam und allmählich zum Bewußtsein kommen, damit es so zum Bewußtsein komme, daß auch das Tun der Anthroposophischen Gesellschaft sich errichte auf den Untergründen, die durchaus für die Anthroposophen vorhanden sind.

Und nun, sehen Sie, zunächst ist es ja Anthroposophie, welche die Gesellschaft zusammenhält, Anthroposophie als solche. Und Anthroposophie muß doch in irgendeiner Weise von demjenigen, der sich in der Gesellschaft einfindet, gesucht werden. Das hat seine Vorgeschehnisse in dem, was erlebt worden ist – wir wollen es zunächst nur bis dahin verfolgen –, bevor die Seelen, die eben Anthroposophen werden, in das irdische Dasein heruntersteigen.

Wenn aber dann mit einer gewissen Durchschau auf das, was da eigentlich sich vollzogen hat, das Auge hinblickt auf die Welt, dann muß heute das Folgende gesagt werden: Es gibt in der Welt heute viele Menschen, die man da oder dort findet und von denen man, wenn man ihren Zusammenhang mit ihrem vorirdischen Dasein ins Auge faßt, eigentlich sagen muß: sie sind durch dieses vorirdische Dasein für die Anthroposophische Gesellschaft bestimmt gewesen und können durch gewisse Ereignisse nicht den Weg in dieselbe finden. – Viel mehr solcher Menschen, als man denkt, gibt es. Das aber legt uns erst recht herzlich die Frage auf: Welches ist die Vorbestimmung, welches ist die Prädestination, die eine Seele an die Anthroposophie heranführt?

Sehen Sie, ich möchte zunächst von extremen Fällen ausgehen, welche lehren können, wie das Karma gerade bei einer solchen Sache spielt. In der Anthroposophischen Gesellschaft entsteht ja wirklich, man möchte sagen, in einer intensiveren Weise für den einzelnen Menschen die Frage nach dem Karma als auf einem anderen Gebiete. Ich will nur auf das Folgende hinweisen: Nehmen Sie einmal an, daß die Seelen, die gegenwärtig in einem Menschenleibe inkarniert sind, zumeist nicht so weit, man kann schon sagen überhaupt nicht so weit, zurückführen, daß sie zunächst irgend etwas erlebt haben können in verflossenen Erdenleben, was sie – nehmen wir ein radikales Beispiel – innerhalb der anthroposophischen Bewegung zur Eurythmie hinführt; denn diese Eurythmie hat es ja nicht gegeben in denjenigen Zeiten, in denen die Seelen verkörpert waren, die heute Eurythmie suchen.

Da entsteht die brennende Frage: Wie kommt eine Seele dazu, den Gang nach der Eurythmie hin zu machen aus karmischen Untergründen heraus? Aber so ist es ja mit allen einzelnen Gebieten des gesamten

Lebens: Seelen finden sich heute, welche nach dem, was Anthroposophie gibt, den Weg suchen. Wie kommen sie dazu, dasjenige, was die Vorbedingungen ihres Karma in den vorigen Erdenleben sind, gerade nach der Richtung zur Anthroposophie hin zu entfalten?

Nun sind da zunächst solche Seelen, die mit einer gewissen inneren starken Intensität zur Anthroposophie hingetrieben werden. Diese Intensität ist ja nicht bei allen gleich, aber es gibt Seelen, die mit einer starken inneren Intensität hingetrieben werden zur Anthroposophie, daß es einem so vorkommt, als wenn sie geradezu ohne Seitenpfade, in aller Geradheit zur Anthroposophie hinsteuern und in irgendein Gebiet des anthroposophischen Lebens hineinmünden.

Da gibt es eine Anzahl von Seelen, die aus dem Grunde zu einem solchen weltenkosmischen Steuern in ihrer Seele kommen, weil sie in besonderer Stärke empfunden haben in abgelaufenen Jahrhunderten, in denen sie ihr voriges Erdenleben durchgemacht haben, daß das Christentum an einem bestimmten Wendepunkt angekommen war. Sie haben in einem Zeitalter gelebt, wo das Christentum vorzugsweise dazu geführt hatte, in ein mehr oder weniger instinktives menschliches Fühlen überzugehen, wo das Christentum zwar mit einer Selbstverständlichkeit, aber mit einer instinktiven Selbstverständlichkeit geübt wurde, wo die Seelen eigentlich nicht die Frage aufgeworfen haben: Warum bin ich ein Christ? – Und wir kommen, wenn wir den Blick zurückwenden auf das 13., 12., 11., 10., 9., 8. Jahrhundert der nachchristlichen Entwickelung, insbesondere auf solche Seelen, die durchchristet waren, die hereinwuchsen in das Bewußtseinszeitalter, die aber das Christentum noch vor dem Bewußtseinszeitalter in die reine Gemütsseele hinein voll aufgenommen haben, denen aber schon in bezug auf die mehr weltlichen Angelegenheiten dasjenige erglänzte, was die Bewußtseinsseele bringen soll.

Was da, ich möchte sagen, unbewußt gelebt hat, so daß es gewissermaßen mit Umgehung des Kopfes dazumal in die Verrichtungen des Organismus hineingegangen ist, was da gelebt hat in vieler Beziehung als ein frommes Christentum, aber ein Christentum, das über sich selber nicht zur Klarheit kam, das stellte an diese Menschen die Forderung – denn, was unbewußt ist in einem Erdenleben, wird um einen

Grad bewußter im nächsten Erdenleben –, die Frage aufzuwerfen: Warum sind wir Christen?

Das aber führte dazu – ich spreche heute einleitungsweise die Dinge zunächst andeutend, sie sollen weiter ausgeführt werden –, daß solche Seelen nun auch in dem Leben zwischen dem Tode und einer neuen Geburt vorzugsweise in der ersten Hälfte des 19. Jahrhunderts in der geistigen Welt einen Zusammenhang hatten. Und es gab Seelenvereinigungen in der ersten Hälfte des 19. Jahrhunderts in der geistigen Welt, die die Konsequenzen des Christentums zogen, das sie hier auf Erden erlebt haben, in dem Glanze und in dem umfassenden Schein, in der umfassenden Offenbarung der geistigen Welt. Gerade in der ersten Hälfte des 19. Jahrhunderts gab es Seelen in dem Leben zwischen dem Tod und einer neuen Geburt, die dahin drängten, in kosmische Imaginationen umzusetzen, was sie in einem christlichen vorangehenden Leben gefühlt haben. Und gerade das, was ich hier einmal als einen Kultus beschrieben habe, das spielte sich da im Übersinnlichen ab. Und eine große Anzahl Seelen war versammelt in diesen gemeinsam gewobenen kosmischen Imaginationen, in diesen mächtigen Bildern eines Zukunftsdaseins, das dann in veränderter Gestalt gesucht werden sollte während des nächsten Erdendaseins.

Aber da hineinverwoben war alles dasjenige, was an schweren inneren Kämpfen, die viel schwerer waren, als man gewöhnlich denkt, sich abgespielt hat zwischen dem 7. und 13., 14. nachchristlichen Jahrhundert. Die Seelen derjenigen Menschen, die ich meine, haben gerade in dieser Zeit manches durchgemacht. Und alles, was sie da durchgemacht haben, woben sie hinein in jene mächtigen kosmischen Imaginationen, die in der ersten Hälfte des 19. Jahrhunderts von einer größeren Anzahl von Seelen gemeinschaftlich gewoben wurden.

Alles das, was da an kosmischen Imaginationen gewoben wurde, das ist durchspielt auf der einen Seite von etwas, das ich nicht anders beschreiben kann denn als eine Art von sehnendem, erwartungsvollem Gefühle. All dieses Ausarbeiten von mächtigen kosmischen Imaginationen wird erlebt von diesen Seelen so, daß sie ein verdichtetes, aber aus mannigfaltigen Einzelheiten heraus verdichtetes Gefühl in ihren Seelen, in ihren entkörperten Seelen haben; es ist das Gefühl, das ich etwa in der folgenden Art beschreiben kann: Wir haben unten im letzten Erdendasein die Hinneigung zu dem Christus erlebt. Wir haben tief die Geheimnisse empfunden, welche die Tradition aufbewahrt hatte für die Christen, an das heilig-ernste Geschehen, das sich in Palästina im Beginne der christlichen Zeitrechnung abgespielt hat. Aber hat Er denn in aller seiner Glorie, in all seinem Glanze vor unserer Seele gestanden, dieser Christus? Diese Frage ging aus den Gemütern hervor. Sie sagten: Haben wir es nicht nur nach unserem Tode vernommen, wie der Christus aus kosmischen Höhen als Sonnenwesen auf die Erde heruntergestiegen ist? Haben wir ihn als Sonnenwesen erlebt? Hier ist er nicht mehr: Er ist mit der Erde vereint; hier gibt es nur etwas wie eine weltenkosmische Erinnerung an ihn. Wir müssen wieder zu der Erde den Weg finden, um den Christus vor unserer Seele zu haben. Christus-Sehnsucht begleitete diese Seelen – aus dem Weben von großen, majestätischen, kosmischen Imaginationen, die mit den Geistern der oberen Hierarchien gewoben wurden; diese Sehnsucht begleitete diese Seelen aus dem vorirdischen Dasein in das irdische herein.

Das ist etwas, was mit einer hinreißenden Intensität erlebt werden kann für den geistigen Blick, der das Geschehen in der verkörperten und nichtverkörperten Menschheit beobachtete im Laufe des 19. und 20. Jahrhunderts. Und da mischte sich eben das Mannigfaltigste in diese Eindrücke hinein. Denn gerade dadurch, daß die Seelen, die jetzt wiedererscheinen, mitgemacht haben in ihrer Christus-Empfindung all das, was sich abgespielt hat zwischen denen, die nach dem Christentum strebten, und denen, die noch drinnenstanden in den Vorstellungen des alten Heidentums, wie es ja zumeist der Fall war in den Jahrhunderten, auf die ich hingedeutet habe, gerade dadurch liegt für diese Seelen ja wirklich vieles von dem vor, was in der Seele die Möglichkeit herbeiführt, auf der einen Seite den Versuchungen Luzifers, auf der anderen Seite den Versuchungen Ahrimans zu verfallen. Und im Karma weben Ahriman und Luzifer geradeso wie die guten Götter. Das haben wir ja schon gesehen.

Nun, was alles einverwoben ist in dasjenige, was heute in seiner karmischen Auswirkung sich abspielt, das muß im einzelnen verfolgt werden, um wirklich die geistigen Untergründe des anthroposophischen

Strebens zu verfolgen. Und es ist, wenn die Weihnachtstagung ernst genommen wird, auch durchaus der Zeitpunkt da, wo von gewissen Dingen der Schleier sozusagen hinweggezogen werden darf. Nur müssen die Dinge mit dem nötigen Ernste aufgefaßt werden.

Beginnen wir einmal, wie gesagt, mit einem radikalen Fall. Lassen wir das, was eben gesagt worden ist, in der heutigen Stunde im Hintergrunde walten, indem wir das Folgende besprechen.

Wir sehen, wie sich aus dem vorirdischen Dasein in das irdische Dasein herein durch ihre Erziehung hindurch, durch das, was sie auf der Erde erleben, Menschenseelen finden, die den Weg in die Anthroposophische Gesellschaft herein suchen, die auch eine Weile in der Anthroposophischen Gesellschaft sind. Unter ihnen kann sich der Fall ereignen, daß, gerade nachdem eine solche Seele eine Zeitlang sich als ein eifriges, vielfach sogar übereifriges Mitglied der Anthroposophischen Gesellschaft zeigt, sie dann später zum allerheftigsten Gegner wird. Sehen wir uns an einem solchen extremen Fall das Karma einmal an.

Nehmen wir einmal diesen extremen Fall: Jemand tritt herein in die Anthroposophische Gesellschaft, er erweist sich als ein eifriges Mitglied; nach einiger Zeit bringt er es zustande, nicht nur Gegner zu werden, sondern vielleicht beschimpfender Gegner – im Grunde genommen ein sehr, sehr merkwürdiges Karma.

Betrachten wir einen einzelnen Fall. Da ist eine Seele. Wir schauen zurück in ein voriges Erdendasein. Wir schauen dabei zurück in die Zeit, wo alte Erinnerungen aus der Heidenzeit her, berückend für die Leute, dagewesen sind, und wo die Leute sich hineingefunden haben in das, was ja in jener Zeit sich, ich möchte sagen, mit Wärme als Christentum ausgebreitet hat, was aber von vielen Menschen doch auch mit einer gewissen Oberflächlichkeit aufgenommen wurde.

Wenn solche Dinge besprochen werden, muß man sich ja immer klar sein, daß man sozusagen irgendwo anfangen muß bei einem Erdenleben. Jedes Erdenleben führt ja wiederum auf frühere zurück, so daß natürlich ungeklärte Reste da sind, auf die man als bloße Tatsachen hinweisen kann. Sie sind ja wieder die karmischen Folgen von früheren; aber man muß doch irgendwie anfangen.

ahrimanisches Machtstreben

Nun kann man eine solche Seele schauen, wie sie gefunden wird gerade in jener Zeit – und zwar gefunden wird auf eine Art, die mir und anderen hier in der Gesellschaft recht nahegegangen ist –, gefunden wird in jener Zeit, auf die ich hingedeutet habe, als eine Art verfehlter Goldmacher, im Besitze von Schriften, Manuskripten, die sie kaum verstehen konnte, die sie in ihrer Art ausdeutete, und dann experimentierte sie nach den Vorschriften, ohne eigentlich eine Ahnung zu haben von dem, was sie da machte. Denn in die geistig-chemischen Zusammenhänge hineinzuschauen, ist ja keine einfache Sache. Und so sehen wir einen solchen Experimentator mit einer kleinen Bibliothek der mannigfaltigsten Vorschriften, die weit hineinführen bis in arabisch-maurische Zusammenhänge, und sehen, wie an fast abgelegener Stätte, aber einer Stätte, die besucht wird von vielen Neugierigen, dieser Mensch seine Tätigkeit entfaltet. Er kommt dazu, sich ein eigentümliches Leiden heranzuzüchten unter dem Einflusse dieser unverstandenen, verständnislos geübten Tätigkeit, ein Leiden, das namentlich seinen Kehlkopf ergreift – es ist eine männliche Inkarnation –, so daß die Stimme allmählich umflort und immer umflorter wird und zuletzt kaum mehr da ist.

Nun sind die christlichen Lehren verbreitet, sie ergreifen ja die Menschen überall. Da ist auf der einen Seite die Gier in diesem Menschen, das Goldmachen zu erreichen, und mit dem Goldmachen manches andere, was man hätte erreichen können, wenn es in der damaligen Zeit gelungen wäre; auf der anderen Seite das Herandringen des Christentums an ihn in einer Weise, die eigentlich voll von Vorwürfen ist. Etwas von einer, ich möchte sagen, nicht ganz gereinigten Faustischen Stimmung entwickelt sich. Stark wird das Gefühl: Hast du nicht doch furchtbar Unrecht getan? Und nach und nach bildet sich nun dennoch unter dem Einflusse solcher Gedanken die skeptisch in der Seele lebende Anschauung heraus: Daß du deine Stimme verloren hast, das ist die göttliche Strafe, die gerechte Strafe dafür, daß du dich an unrichtiges Zeug herangemacht hast.

In dieser Seelenlage suchte der Betreffende den Rat von Menschen auf, die jetzt auch mit der Anthroposophischen Gesellschaft sich verbunden haben, die dazumal in sein Schicksal so eingreifen konnten, daß sie gewissermaßen seine Seele retteten aus diesen tiefen Zweifeln heraus. Man kann schon sprechen von einer Art Rettung der Seele. Aber das alles vollzog sich unter solchen Nebenereignissen, daß der Betreffende doch in einem starken, nur äußerlich bleibenden Fühlen dieses durchlebte. Auf der einen Seite wurde er überwältigt von einer Art Dankgefühl gegenüber denjenigen, die ihn seelisch errettet hatten; auf der anderen Seite mischte sich gerade in diese Unklarheit ein furchtbar ahrimanischer Impuls hinein durch dasjenige, was hier eingetreten war: nach einer starken, nach dem Unrecht-Magischen hin gehenden Neigung ein nicht ganz echtes Sich-Erfühlen in der christlichen Gerechtigkeit; in das alles mischte sich ein ahrimanischer Zug hinein. Weil es Unklarheit über die Seele verbreitete, so kam der Betreffende dazu, in seinen Dank einen ahrimanischen Zug hineinzubringen, und der Dank wurde umgewandelt in etwas, was in der Seele einen unwürdigen Ausdruck fand und dem Betreffenden wieder vor die Seele trat, als er in dem Leben zwischen dem Tode und einer neuen Geburt namentlich an derjenigen Stelle angekommen war, die ich bezeichnet habe als die erste Hälfte des 19. Jahrhunderts. So daß er da durchlebte, was die Seele dazumal an äußerem, veräußerlichtem, ich möchte sagen, kriechendem Dank entwickelte, daß er dieses in der ganzen Menschenunwürdigkeit wieder da durchlebte.

Und so sehen wir gerade dieses Bild des ahrimanisierten Dankes hineingemischt in die kosmischen Imaginationen, von denen ich gesprochen habe. Und wir sehen, wie diese Seele hinuntersteigt aus dem vorirdischen Dasein in das irdische Dasein, auf der einen Seite mit all denjenigen Impulsen, die ihr gekommen sind aus ihrer Zeit des alten Goldmachen-Wollens, der Vermaterialisierung des geistigen Strebens, während auf der anderen Seite sich unter ahrimanischem Einfluß etwas entwickelt, was deutlich wahrzunehmen ist als Schamgefühl über den unrechtmäßig veräußerlichten Dank. Diese zwei Strömungen leben in der Seele beim Heruntersteigen, und diese zwei Strömungen drücken sich dadurch aus, daß die betreffende Persönlichkeit, als sie wieder Persönlichkeit geworden ist im irdischen Leben, den Weg sucht zu denjenigen hin, die da waren, wo auch diese Seele war in der ersten Hälfte des 19. Jahrhunderts.

Nun entsteht zunächst etwas wie eine Erinnerung an das, was durchlebt worden ist in der Bildgestaltung des unrechtmäßigen, des veräußerlichten Dankes – das alles spielt sich, ich möchte sagen, wie automatisch ab –, und es erwacht dann dasjenige, was da drinnen lebt, was ich geschildert habe als Schamgefühl über die eigene Menschenunwürdigkeit. Das ergreift diese Seele. Da dies aber ahrimanisiert ist – auch aus dem Karma früherer Zeiten heraus selbstverständlich –, gießt es etwas aus wie einen furchtbaren Haß auf all dasjenige, dem man sich zunächst zugewendet hat. Und das gewendete Schamgefühl verwandelt sich, transformiert sich in eine wütende Gegnerschaft, gleichzeitig vereinigt mit der ungeheuren Enttäuschung darüber, daß das Unbewußte so wenig seine Befriedigung gefunden hat. Es hätte diese Befriedigung gefunden, wenn irgend etwas Ähnliches eingetreten wäre, wie es in der unrechtmäßigen Goldmacherkunst lag.

Sehen Sie, meine lieben Freunde, da haben wir ein Beispiel, wie sich nun in einem radikalen Falle die Dinge innerlich wenden; wie wir die merkwürdigen, mysteriösen Wege von so etwas wie dem Zusammenhang von Schamgefühl und Haß in einem früheren Dasein aufsuchen müssen, wenn wir aus den Vorbedingungen heraus ein gegenwärtiges Leben verstehen wollen.

Sehen Sie, wenn man solche Dinge so betrachtet, dann gießt sich allerdings etwas von Verständnis über all dasjenige aus, was in der Welt durch Menschen vorgeht, und dann beginnen große Schwierigkeiten des Lebens, wenn man es mit dem Karmagedanken ernst nimmt. Aber diese Schwierigkeiten sollen kommen, denn sie sind im ganzen Wesen des Menschenlebens begründet. Und eine solche Bewegung wie die anthroposophische muß eben vielem ausgesetzt sein, weil sie nur dadurch jene starke Kraft entwickeln kann, welche ihr notwendig ist.

Ich habe dieses Beispiel zuerst angeführt aus dem Grunde, damit Sie sehen, daß auch sozusagen das Negative wird gesucht werden müssen im karmischen Zusammenhange mit dem ganzen Schicksale, das die anthroposophische Bewegung erstehen läßt aus den vorangegangenen Inkarnationen der in ihrer Gesellschaft Vereinigten, und demjenigen, was jetzt geschieht.

So, meine lieben Freunde, kann gehofft werden, daß ein ganz neues

Verständnis nach und nach erwacht für das Wesen der Anthroposophischen Gesellschaft, daß sozusagen die Seele der Anthroposophischen Gesellschaft mit all ihren verschiedenen Schwierigkeiten erforscht werden kann. Denn auch da muß man nicht bloß beim einzelnen Menschenleben bleiben, sondern zurückgehen auf dasjenige, was sich eigentlich, man kann da nicht sagen, wieder verkörpert, aber wieder erlebt. Und damit wollte ich heute beginnen.

VIERTER VORTRAG

Dornach, 8. Juli 1924

Ich möchte heute einiges einfügen in unsere Betrachtungen, das uns dann möglich machen wird, die karmischen Zusammenhänge der anthroposophischen Bewegung selber genauer zu verfolgen. Dasjenige, was ich heute einfügen will, soll ausgehen von der Tatsache, daß in der anthroposophischen Bewegung zwei Gruppen von Menschen sind. Im allgemeinen habe ich ja charakterisiert, wie sich die anthroposophische Bewegung aus einzelnen Menschen zusammensetzt. Die Sache ist natürlich zunächst nur im großen und ganzen gemeint, aber es gibt eben zwei Gruppen von Menschen in der anthroposophischen Bewegung. Nur sind die Erscheinungen, die ich charakterisiere, nicht so auf der flachen Hand liegend; sie sind nicht so, daß man mit der groben Beobachtung sagen kann: Bei dem einen ist das so, bei dem anderen ist das so. Vieles von dem, was ich heute zu charakterisieren haben werde, liegt nicht im vollen gewöhnlichen Bewußtsein der Persönlichkeit, sondern liegt eben, wie das meiste Karmische, in den Instinkten, im Unterbewußtsein, prägt sich aber durchaus in Charakter, Temperament, Handlungsweise und in der wirklichen Handlung aus.

Wir haben die eine Gruppe zu unterscheiden, welche zu dem Christentum in einer solchen Weise steht, daß den Angehörigen dieser Gruppe die Zugehörigkeit zum Christentum besonders am Herzen liegt, und daß in ihren Seelen die Sehnsucht lebt, sich als Anthroposoph im richtigen Sinne des Wortes, wie sie es auffassen, Christ nennen zu können. Für diese Gruppe ist es geradezu ein Trost, daß in vollem Umfange gesagt werden kann: Die anthroposophische Bewegung stellt eine solche Bewegung dar, welche den Christus-Impuls anerkennt und in sich trägt. Und es würde dieser Gruppe Gewissensbisse machen, wenn das nicht der Fall wäre.

Die andere Gruppe ist zunächst in ihrer Offenbarung oder in der Offenbarung ihrer Persönlichkeiten nicht weniger ehrlich christlich, aber es ist so, daß diese Gruppe eigentlich aus einer anderen Voraussetzung heraus an das Christentum herankommt. Es ist so, daß diese

Gruppe zunächst Befriedigung findet an der anthroposophischen Kosmologie, an der Entwickelung der Erde aus anderen planetarischen Formen heraus, Befriedigung findet an demjenigen, was Anthroposophie über den Menschen im allgemeinen zu sagen hat, und von da ausgehend dann gewiß naturgemäß zu dem Christentum hingeführt wird, aber nicht in demselben Maße ein innerliches Herzensbedürfnis hat, unbedingt den Christus in die Mitte zu stellen. Wie gesagt, diese Dinge spielen sich zum großen Teile im Unterbewußten ab. Wer Seelenbeobachtung üben kann, der weiß immer im einzelnen Falle die betreffenden Persönlichkeiten in der richtigen Weise zu beurteilen.

Nun gehen die Voraussetzungen zu dieser Gruppierung in alte Zeiten zurück. Sie wissen ja aus meiner «Geheimwissenschaft im Umriß» daß in einer bestimmten Zeit der Erdenentwickelung Seelen gewissermaßen ihren Abschied genommen haben von der fortlaufenden Erdenentwickelung, daß sie zum Bewohnen anderer Planeten gekommen sind, und daß sie während einer bestimmten Zeit, der lemurischen und der atlantischen Zeit, wiederum auf die Erde heruntergekommen sind. Und wir wissen ja auch, daß unter dem Einflusse der Tatsache, daß von den verschiedenen Planeten, vom Jupiter, Saturn, Mars und so weiter, aber auch von der Sonne die Seelen heruntergekommen sind, um irdische Gestalt anzunehmen, die ursprünglichen Mysterien, die ich in meiner «Geheimwissenschaft» auch Orakel genannt habe, entstanden sind.

Nun sind diese Seelen so, daß unter ihnen natürlich viele waren, welche durch ein sehr altes Karma dazu neigten, eben in diejenige Strömung sich hineinzubegeben, die dann die christliche wurde. Wir müssen ja ins Auge fassen, daß immerhin kaum ein Drittel der Erdenbevölkerung sich zum Christentum bekennt, und daß also nur gesagt werden kann, daß ein gewisser Teil der Menschenseelen, die da herunterkamen, die Tendenz entwickelte, den Impuls entwickelte, nach der christlichen Strömung hin sich zu entfalten.

Nun kamen eben die Seelen zu verschiedenen Zeiten herunter, und es gibt solche, welche verhältnismäßig früh heruntergekommen sind in den ersten Zeiten der atlantischen Entwickelung. Es gibt aber auch solche, welche verhältnismäßig spät heruntergekommen sind, die sozusagen einen langen vorirdischen planetarischen Aufenthalt gehabt haben. Es sind dies solche Seelen, bei denen, wenn man zurückgeht von ihrer jetzigen Inkarnation, man vielleicht kommt zu einer Inkarnation in der ersten Hälfte des Mittelalters, zu einer christlichen Inkarnation, vielleicht noch zu einer christlichen Inkarnation, dann, wenn man weiter zurückgeht, zu den vorchristlichen und so weiter, und daß man verhältnismäßig bald von der frühesten Inkarnation, auf die man auftrifft, sagen muß: Jetzt geht es nach rückwärts hinauf ins Planetarische. Vorher waren diese Seelen noch nicht in Erdeninkarnationen da. Bei anderen Seelen, die auch ins Christentum eingelaufen sind, steht die Sache so, daß man weit zurückgehen kann, viele Inkarnationen findet, und dann sind, nach vielen vorchristlichen, auch schon atlantischen Inkarnationen, diese Seelen in die christliche Strömung untergetaucht.

Nun ist ja natürlich für alles intellektualistische Betrachten eine solche Sache, wie ich sie jetzt eben erwähnt habe, so irreführend als möglich; denn leicht könnte man auf den Glauben kommen, daß bei solchen Persönlichkeiten, die gegenüber dem heutigen Urteile der Zivilisation als besonders fähige Köpfe zu gelten haben, gerade viele Inkarnationen nach rückwärts hin vorliegen. Das muß aber nicht der Fall sein, sondern es können durchaus solche Persönlichkeiten, welche im heutigen Sinne gute Fähigkeiten haben, in das Leben eingreifende Fähigkeiten haben, solche sein, bei denen man nicht auf so viele Inkarnationen zurückkommt.

Ich darf dabei vielleicht an das erinnern, was ich – inaugurierend die anthroposophische Strömung, die wir jetzt eben in der anthroposophischen Bewegung haben – bei der Weihnachtstagung vorgebracht habe, wo ich von denjenigen Individualitäten gesprochen habe, an die dann das Gilgamesch-Epos anknüpft. Ich habe ja dazumal einiges über solche Individualitäten ausgeführt. Bei einer dieser Individualitäten haben wir es gerade mit verhältnismäßig wenigen nach rückwärts reichenden Inkarnationen zu tun. Dagegen ist es eben bei der anderen so, daß wir es mit vielen nach rückwärts reichenden Inkarnationen zu tun haben.

Nun ist ja vor allen Dingen, ganz gleichgültig, ob noch Inkarnationen dazwischen liegen oder nicht, für Menschenseelen, die heute in die Anthroposophie hereinkommen, diejenige Inkarnation wichtig – die in der Regel da ist, auf lange Zeiten, auf zwei bis drei Jahrhunderte verteilt –, die etwa in das 3., 4., 5. nachchristliche Jahrhundert fällt, bei einigen eben auch noch in spätere Zeiten. Wir müssen uns also vor allen Dingen die Erlebnisse der Seelen in dieser Zeit ansehen – bei einigen geht es auch noch bis ins 7., 8. Jahrhundert herauf, und dann kommen sie zum Befestigen durch eine spätere Inkarnation. Aber ich will die Sache heute möglichst präzise anknüpfen an die erste sozusagen christliche Inkarnation.

Bei diesen Seelen kommt sehr stark in Betracht, wie sie sich nach ihren Vorbedingungen, nach ihren früheren Erdenleben zum Christentum stellen konnten. Sehen Sie, meine lieben Freunde, diese Frage ist deshalb eine wichtige Karmafrage, zunächst – wir werden später ja auch sozusagen nebensächlichere Karmafragen zu besprechen haben, aber diese Frage ist eine karmische Kardinalfrage –, weil zur Anthroposophischen Gesellschaft, zunächst mit Übergehung vieler anderer, nebensächlicherer Dinge, die Menschen ja gerade durch diese innersten Erlebnisse früherer Inkarnationen kommen, gerade durch dasjenige, was ihre Seele in bezug auf Weltanschauung, religiöses Bekenntnis und so weiter erlebt hat. Daher muß in bezug auf das Karma der Anthroposophischen Gesellschaft schon in den Vordergrund gestellt werden, was diese Seelen in bezug auf Erkenntnis, in bezug auf Weltanschauung und Religionen erlebt haben.

Nun war es in diesen ersten Jahrhunderten der christlichen Entwickelung durchaus möglich, noch traditionell an Erkenntnisse anzuknüpfen, die ja seit der Begründung des Christentums über das Wesen Christi vorhanden waren, Erkenntnisse, die dahin gingen, daß man denjenigen, der als Christus in der Persönlichkeit des Jesus lebte, als einen Sonnenbewohner, ein Sonnenwesen angesehen hat, bevor es das irdische Leben betreten hat. Man darf nicht glauben, daß die christliche Welt in bezug auf diese Sachen immer so unwissend war wie heute. In den ersten Jahrhunderten des Christentums verstand man schon auch das Evangelium an bestimmten Stellen, die sehr deutlich sprechen in der Richtung, daß das Wesen, das als Christus bezeichnet wird, von der Sonne herunter in einen Menschenleib gekommen ist. Wie man sich das im einzelnen vorgestellt hat, darauf kommt es ja weniger an; aber diese Vorstellung, die so weit ging, wie ich es jetzt charakterisierte, die hatte man eben.

Doch war zu gleicher Zeit in der Epoche, von welcher ich jetzt gesprochen habe, schon eine geringere Möglichkeit da, so etwas zu verstehen, daß ein Wesen, das von der Sonne stammt, auf die Erde herunterkommt. Und insbesondere waren es diejenigen Seelen, die in das Christentum eingeströmt waren und viele Erdeninkarnationen, bis weit in die atlantische Zeit zurückreichend, hatten – viele Seelen waren es –, die eigentlich nicht mehr verstehen konnten, wie man den Christus ein Sonnenwesen nennen kann. Gerade diejenigen Seelen, welche in ihren alten Bekenntnissen sich an die Sonnenorakel angeschlossen fühlten, die eigentlich schon in der atlantischen Zeit den Christus verehrten, aber indem sie den Christus verehrten, eben auf die Sonne hinaufschauten, diese Seelen, die also einmal – selbst nach des heiligen *Augustinus* Ausspruch –, schon bevor das Christentum auf der Erde begründet wurde, gewissermaßen Sonnenchristen waren, diese Seelen konnten aus ihrer ganzen Geistigkeit heraus kein rechtes Verständnis dafür finden, daß der Christus ein Sonnenheld wäre. Deshalb zogen sie es vor, an demjenigen festzuhalten, was ohne diese Interpretation, ohne diese christologische Kosmologie, den Christus allerdings als einen Gott betrachtete, aber als einen Gott, unbekannt woher, der sich mit dem Leibe des Jesus vereinigt hatte. Und dann nahmen sie das, was in den Evangelien erzählt wird, eben einfach unter den Voraussetzungen hin, die ich angeführt habe. Sie konnten nicht mehr den Blick hinaufwenden in die kosmischen Welten, um das Wesen des Christus zu verstehen, gerade deshalb, weil sie den Christus eben nur in außerirdischen Welten kennengelernt hatten. Weil ihnen auch die irdischen Mysterien, die Sonnenorakel, von dem Christus immer als von einem Sonnenwesen gesprochen haben, konnten sie sich nicht in die Anschauung hineinfinden, daß dieser Christus, dieser außerirdische Christus ein wirkliches Erdenwesen geworden sei.

Und so kamen diese Seelen, als sie dann durch die Pforte des Todes gingen, in eine merkwürdige Lage. Sie kamen in die Lage, die ich, wenn ich es etwas trivial charakterisieren soll, dadurch kennzeichnen könnte, daß ich sage: Diese Christen befanden sich im Post-mortem-Zustande in der Lage, in der ein Mensch sich befindet, der von einem anderen Menschen gut den Namen kennt, vielleicht auch vieles von ihm hat erzählen hören, aber ihn selbst seiner Wesenheit nach nie kennengelernt hat. Da kann es eben passieren, daß, wenn jene Stütze fehlt, die ihm gedient hat, solange er bloß den Namen gekannt hat, ihm dann, wenn irgend etwas kommt, wo er die Wesenheit kennen soll, sein seelisches Leben gegenüber dieser Erscheinung versagt.

Und so kamen diese Seelen, von denen ich eben jetzt gesprochen habe, die in alten Zeiten namentlich zu den Sonnenorakeln sich zugehörig fühlten, im Post-mortem-Zustande in die Lage, sich zu fragen: Ja, wo ist denn eigentlich der Christus? Wir sind jetzt bei den Wesen der Sonne, da haben wir ihn immer gefunden; jetzt finden wir ihn nicht! – Daß er auf Erden sei, das hatten sie nicht mitgenommen in ihre Gedanken und Gefühle, die ihnen geblieben waren, als sie durch die Pforte des Todes gegangen waren. Sie fanden sich nach dem Tode in einer großen Ungewißheit über den Christus, und sie lebten in dieser Ungewißheit über den Christus, sie blieben in dieser Ungewißheit in vieler Beziehung und waren dadurch – wenn noch eine Inkarnation in der Zwischenzeit kam – leicht geneigt, denjenigen Menschengruppen sich anzuschließen, die in der Religionsgeschichte Europas in den verschiedenen Ketzergesellschaften geschildert werden.

Und gleichgültig, ob sie noch eine solche Inkarnation durchmachten oder nicht, sie fanden sich dann ein, ich möchte sagen, in jener großen überirdischen Versammlung, die ich am letzten Vormittag hier charakterisiert habe, und die ich versetzt habe in die Zeit der ersten Hälfte des 19. Jahrhunderts. Da fanden sich vor einer Art übersinnlichem Kultus, der da bestand in mächtigen Imaginationen, eben auch diese Seelen ein, denen man vorzugsweise in diesem überirdischen Kultus das Sonnengeheimnis Christi in mächtigen Imaginationen vor das geistige Auge stellte. Es hatte dies die Aufgabe, diese Seelen, die in einer gewissen Weise in der gekennzeichneten Art mit ihrem Christentum in eine Sackgasse gekommen waren, wenigstens durch Bilder, bevor sie wiederum zum Erdenleben heruntergingen, an den Christus heranzuführen, den sie nicht ganz, aber so weit verloren hatten, daß er in ihrer Seele in die Strömungen des Zweifels und der Ungewißheit hineingeraten war.

Eigentümlich verhielten sich dann diese Seelen. Sie gerieten zwar nicht etwa in eine noch größere Ungewißheit dadurch, daß man ihnen dieses vorführte – es gab schon eine Art von Befriedigung für sie in dem Leben zwischen dem Tode und einer neuen Geburt, auch eine Art von Erlösung aus gewissen Zweifeln –, aber es gab für sie auch eine Art Erinnerung an das, was sie nun, von dem Mysterium von Golgatha noch nicht in der richtigen Weise, in der kosmischen Weise durchdrungen, über den Christus aufgenommen hatten. Und so blieb ihnen im Innersten ihres Wesens eine ungeheure Wärme und Hingabe für das Fühlen des Christentums und ein unterbewußtes Heraufdämmern jener mächtigen Imaginationen. Und das alles drängte sich zusammen in die Sehnsucht, nun in richtiger Weise Christen sein zu können. Als sie dann herunterstiegen, wieder jung wurden, zur Erde kamen am Ende des 19. Jahrhunderts oder um die Wende des 19. zum 20. Jahrhundert, da waren sie diejenigen Seelen, welche gar nicht anders konnten – weil sie eigentlich in gefühlsmäßiger Weise, ohne kosmisches Verständnis, den Christus aufgenommen hatten in der frühchristlichen Inkarnation –, als sich zu Christus hingedrängt zu fühlen. Aber die Eindrücke, die sie in den mächtigen Imaginationen bekommen hatten, zu denen sie im vorirdischen Leben hindrängten, die blieben ihnen unbestimmte Sehnsuchten. Und so wurde es ihnen schwer, sich in die anthroposophische Weltanschauung hineinzufinden, insofern diese anthroposophische Weltanschauung zunächst den Kosmos betrachtet und die Christus-Betrachtung noch zurückstellt. Warum wurde es ihnen schwer? Es wurde ihnen schwer aus dem einfachen Grunde, weil sie zu der Frage: Was ist Anthroposophie? – in ganz besonderer Art standen.

Werfen wir die Frage auf: Was ist Anthroposophie ihrer Realität nach? Ja, meine lieben Freunde, wenn Sie durchschauen alle die wunderbaren, majestätischen Imaginationen, die als ein übersinnlicher Kultus in der ersten Hälfte des 19. Jahrhunderts dastanden, und das in Menschenbegriffe übersetzen, dann haben Sie die Anthroposophie.

Für das nächsthöhere Erlebnisniveau, für die nächste geistige Welt, aus der der Mensch heruntersteigt ins irdische Dasein, war Anthroposophie da in der ersten Hälfte des 19. Jahrhunderts. Nicht auf der Erde war sie, aber da war sie. Und wenn heute Anthroposophie geschaut wird, dann schaut man sie nach der Richtung der ersten Hälfte des 19. Jahrhunderts; ganz selbstverständlich schaut man sie dort. Sogar schon am Ende des 18. Jahrhunderts schaut man sie.

Und sehen Sie, Menschen können folgendes Erlebnis haben. Es gibt eine Persönlichkeit, die war einmal in einer ganz besonderen Lage. Durch einen Freund wurde die große Rätselfrage des menschlichen Erdendaseins aufgeworfen. Aber dieser Freund war etwas verstrickt in das Kantsche Denken, und so kam die Sache in einer abstrakt-philosophischen Weise heraus. Der andere konnte sich nicht hineinfinden in das «kantige» Kantsche Denken, und alles rührte in seiner Seele diese Frage auf: Wie hängt Vernunft und Sinnlichkeit im Menschen zusammen? – Da öffneten sich gewissermaßen – nicht Tore, aber Schleusen, die für einen Moment hereinleuchten ließen in diese Seele jene Regionen der Welt, in der sich abspielten jene gewaltigen Imaginationen. Und da kam das, was so, nicht durch Tore, nicht durch Fenster, aber durch Schleusen hereinkam, in, ich möchte sagen, Miniaturbilder übersetzt, heraus als das «Märchen von der grünen Schlange und der schönen Lilie». Denn die Persönlichkeit, die ich meine, ist *Goethe.*

Es sind Miniaturbilder, kleine Spiegelbilder, sogar manchmal ins Liebliche übersetzt, was da herunterkam in dem «Märchen von der grünen Schlange und der schönen Lilie». Es braucht daher gar nicht besonders wunderbar zu erscheinen, daß, als es sich darum handelte, das Anthroposophische in künstlerischen Bildern zu geben, wo ja auch zurückgegangen werden mußte auf die Imaginationen, da meine «Pforte der Einweihung» in der Struktur – wenn auch im ganzen Inhalte anders – ähnlich wurde dem «Märchen von der grünen Schlange und der schönen Lilie».

Sehen Sie, die Dinge liegen eben so, daß man schon durch das, was vorgegangen ist, hineinschauen kann in den Zusammenhang. Jeder, der nur einigermaßen mit okkulten Tatsachen sich beschäftigt hat, weiß ja, daß dasjenige, was auf Erden geschieht, im Grunde genommen die

Herunterspiegelung von etwas ist, was lange vorher sich in der geistigen Welt abgespielt hat, etwas variiert, so daß nicht hineingemischt sind bestimmte Geister der Hindernisse, Geister der Hemmnisse, aber es hat sich eben vorher im Geistigen abgespielt.

Und diejenigen Seelen, die sich gerade anschickten, am Ende des 19. Jahrhunderts, am Beginn des 20. Jahrhunderts oder eigentlich um die Wende, herunterzusteigen ins irdische Dasein, die brachten sich dann eine gewisse Sehnsucht, allerdings im Unterbewußtsein, mit, auch etwas von Kosmologie und dergleichen zu wissen, hinzuschauen auf die Welt im anthroposophischen Sinne. Aber ihre Gemütsentflammung für den Christus war vor allem stark, und daher hätten sie Gewissensbisse empfunden, wenn das, wozu sie sich hingezogen fühlten im vorirdischen Dasein, zur Anschauung der Anthroposophie, nicht von dem Christus-Impuls durchzogen gewesen wäre. Das ist die eine Gruppe, im großen ganzen natürlich.

Die andere Gruppe lebte anders. Die andere Gruppe hatte, als sie in ihrer gegenwärtigen Inkarnation auftrat, ich möchte sagen, noch nicht jene Müdigkeit im Heidentum erlangt, welche die Seelen, die ich beschrieben habe, erlangt hatten. Gegenüber den anderen waren sie ja verhältnismäßig kurze Zeit auf Erden, hatten weniger Inkarnationen vollführt. In diesen wenigen Inkarnationen hatten sie sich erfüllt mit jenen mächtigen Impulsen, die man gerade dann haben kann, wenn man mit den vielen heidnischen Göttern in früheren Erdenleben noch in einem sehr lebendigen Zusammenhange gestanden hat, und wenn dieser Zusammenhang noch stark nachwirkt in späteren Inkarnationen. Es sind daher auch solche Seelen, die in den ersten christlichen Jahrhunderten noch nicht müde waren des alten Heidentums, in denen die alten heidnischen Impulse stark nachwirkten, trotzdem sie mehr oder weniger zum Christentum, das ja nur langsam sich aus dem Heidentum herausarbeitete, hinneigten. Diese Seelen nahmen damals das Christentum vorzugsweise mit dem allerdings vom Gemüte durchzogenen Intellekt auf, aber doch immerhin mit dem Intellekt, und dachten viel über das Christentum. Dabei müssen Sie nicht an gelehrtes Denken denken; es können verhältnismäßig einfache Menschen gewesen sein in einfachen Lebensverhältnissen, aber sie dachten viel.

Wiederum ist es gleichgültig, ob eine spätere Inkarnation noch nachfolgte, denn die hat wohl einiges verändert, aber das Wesentliche ist nun, daß, als diese Seelen durch die Pforte des Todes gingen, sie die Rückschau auf die Erde so hatten, daß ihnen eigentlich das Christentum wie etwas erschien, in das sie erst hineinwachsen mußten. Weil sie eben weniger müde waren des alten Heidentums, weil sie noch aus dem alten Heidentum heraus starke Impulse in ihren Seelen trugen, warteten sie gewissermaßen noch darauf, erst echte Christen zu werden.

Gerade diejenigen Persönlichkeiten, von denen ich auch heute vor acht Tagen gesprochen habe, daß sie gegen das Heidentum auf der Seite des Christentums kämpften, gehörten selber zu solchen Seelen, die eigentlich noch viel Heidentum, viel heidnische Impulse in sich trugen und eigentlich noch warteten, richtig Christen zu werden. Als diese Seelen durch die Pforte des Todes gingen, drüben in der geistigen Welt ankamen, durchmachten das Leben zwischen dem Tod und einer neuen Geburt und dann in der Zeit, die ich angedeutet habe – erste Hälfte des 19. Jahrhunderts oder etwas früher –, vor jene gewaltigen, gloriosen Imaginationen kamen, da erblickten sie in diesen Imaginationen lauter Impulse für den Antrieb ihres Arbeitens, ihres Wirkens. Sie nahmen diese Impulse vorzugsweise in ihren Willen auf. Und man möchte sagen: Sieht man dann hin mit dem okkulten Blicke auf das, was solche Seelen namentlich in ihrem Willen tragen, dann zeigt sich gerade heute in diesem Willen vielfach der Abdruck jener gewaltigen Imaginationen.

Aber solche Seelen, die in einer solchen Verfassung ins irdische Leben eintreten, die haben zunächst das Bedürfnis, dasjenige, was sie im vorirdischen Dasein als maßgebend in der Karma-Arbeit erlebt haben, auch hier wiederum in der Art zu erleben, wie es sich eben auf Erden erleben läßt. Und so verlief für die erste Art von Seelen, für die erste Gruppe von Seelen das geistige Leben in der ersten Hälfte des 19. Jahrhunderts so, daß sie sich gedrängt haben dazu aus einer tiefen Sehnsucht heraus, Teilnehmer jenes übersinnlichen Kultus zu werden. Aber dabei kamen sie, ich möchte sagen, in eine gewisse Art von nebuloser Stimmung, so daß beim Heruntersteig auf die Erde nur dunkle

Erinnerungen blieben, an die dann allerdings verständnisvoll anknüpfen konnte die ins Irdische verwandelte Anthroposophie. Dagegen war es bei der zweiten Gruppe wie ein Wiederzusammenfinden in der Nachwirkung eines Entschlusses, der gefaßt worden war gerade von diesen Seelen, die noch immer nicht ganz müde des Heidentums waren, die aber in der Erwartung standen, Christen werden zu können in einer sachgemäßen Entwickelung. Es war, wie wenn sie sich erinnern sollten an einen Entschluß, den sie damals in der ersten Hälfte des 19. Jahrhunderts gefaßt hatten: all dasjenige, was da in mächtigen Bildern stand, herunterzutragen auf die Erde, es in Erdenform zu verwandeln. Gerade wenn wir hinschauen auf manchen Anthroposophen, der vor allen Dingen den Impuls in sich trug, in tätiger Art mit der Anthroposophie mitzuarbeiten, gerade unter solchen Anthroposophen finden wir Seelen der zuletzt charakterisierten Art. Beide Typen sind sehr deutlich voneinander zu unterscheiden.

Nun, meine lieben Freunde, werden Sie sagen: Ja, das alles, was du uns da sagst, das klärt uns auf über manches im Karma der Anthroposophischen Gesellschaft; aber es könnte einem ja angst und bange werden vor dem, was noch nachkommt, wenn man sieht, wie man da über manche Dinge aufgeklärt wird, über die man vielleicht nicht gerne aus einer gewissen Unwissenheit herausgerissen wird. Denn sollen wir jetzt beginnen nachzudenken, ob wir zu dem einen oder zu dem anderen Typus gehören?

Darauf muß schon eine ganz bestimmte Antwort gegeben werden. Die Antwort, die darauf gegeben werden muß, ist diese: Wäre die Anthroposophische Gesellschaft nur etwas, was eine theoretische Lehre in sich trüge, vielleicht auch das Bekenntnis zu diesen oder jenen Ideen der Kosmologie, der Christologie und so weiter, wäre sie ihrem Wesen nach dieses, so wäre sie wirklich nicht das, was sie im Sinne derjenigen sein soll, die an ihrem Ursprunge stehen. Anthroposophie soll tatsächlich etwas sein, was bei den wahren Anthroposophen das Leben umgestalten kann, was in das Geistige hinübertragen kann dasjenige, was man nur in seinen ungeistigen Auslebungen heute erleben kann.

Nun frage ich Sie: Wirkt das auf das Kind ganz besonders schlimm ein, wenn es über gewisse Dinge in einem bestimmten Lebensalter aufgeklärt wird? Bis zu einem gewissen Lebensjahre wissen ja die Kinder nicht, ob sie Franzosen oder Deutsche oder Norweger oder Belgier oder Italiener sind, wenigstens hat die ganze Betrachtungsweise, ob sie das oder jenes sind, keine große Bedeutung für sie. Sie wissen sozusagen nichts davon. Sie werden noch nicht viel chauvinistische Säuglinge erlebt haben, Sie werden auch noch nicht Chauvinisten mit drei Jahren und dergleichen erlebt haben. Man wird erst in einer bestimmten Lebensepoche gewahr: du bist Deutscher, du bist Franzose, du bist Engländer, du bist Holländer und so weiter. Lebt man sich nicht in naturgemäßer Art in diese Dinge ein, indem man sie hinnimmt? Sagt man etwa, daß das etwas ist, was man nicht ertragen könnte: in einem bestimmten kindlichen Alter zu erfahren, man sei Pole oder man sei Franzose oder Deutscher oder Russe oder Holländer? Da ist man es eben gewöhnt, da betrachtet man es als etwas Selbstverständliches. Aber das, meine lieben Freunde, ist auf äußerem, sinnlichem Gebiete. Anthroposophie soll aber das ganze Menschenleben auf ein höheres Niveau heraufheben. Man soll anderes ertragen lernen als das, was einen bloß, wenn man es mißversteht, im sinnlichen Leben schockiert. Und unter dem, was man erkennen lernen soll, ist eben dieses, daß man nun auch selbstverständlich hineinwachsen soll in die Selbsterkenntnis: man gehört zu dem einen oder zu dem anderen Typus.

Dadurch wird, möchte ich sagen, die Unterlage geschaffen für den Menschen, die anderen karmischen Einschläge in richtiger Weise in das Leben hineinzustellen. Und deshalb mußte schon gewissermaßen als erste Direktion das gegeben werden, wie man sich nach der besonderen Art seiner Prädestination zur Anthroposophie, zu dieser ganzen Christologie und zu dem mehr Passiv- oder Aktivsein in der anthroposophischen Bewegung stellt.

Natürlich gibt es zwischen beiden Typen auch durchaus Übergänge. Aber diese Übergänge rühren davon her, daß dasjenige, was aus der vorhergehenden Inkarnation herüberkommt, herüberwirkt in die gegenwärtige, durchleuchtet wird von der noch früheren Inkarnation. Namentlich bei den Seelen der zweiten Gruppe ist das vielfach der Fall. Es leuchtet bei ihnen vieles noch aus den echt heidnischen Inkarnationen herüber. Daher haben sie eine ganz vorbestimmte Neigung, den Christus sofort so zu nehmen, wie er eigentlich genommen werden muß: als eine kosmische Wesenheit.

Das, was ich da sage, zeigt sich eigentlich gar nicht so stark der ideellen Betrachtung als vielmehr der praktischen Lebensbetrachtung. Man kann viel besser als ihren Gedanken nach die beiden Typen kennenlernen – die abstrakten Gedanken haben ja keine große Bedeutung für den Menschen –, man kann den Menschen viel besser kennenlernen an der Art und Weise, wie er Einzelheiten im Leben handhabt. Und da wird man zum Beispiel finden, daß Übergangstypen von dem einen zu dem anderen vielfach unter denjenigen sind – das Persönliche ist ja dabei selbstverständlich immer ausgeschlossen –, die eigentlich gar nicht anders können, als die Gewohnheiten des außeranthroposophischen Lebens in die anthroposophische Bewegung hereintragen, die eigentlich gar nicht einmal geneigt sind, die anthroposophische Bewegung besonders wichtig zu nehmen, die sich namentlich dadurch charakterisieren, daß sie in der anthroposophischen Bewegung viel über Anthroposophen schimpfen. Gerade unter denen, die viel schimpfen über die Verhältnisse in der anthroposophischen Bewegung selber, namentlich über Persönlichkeiten, schimpfen im kleinlichen, sind Übergangstypen, die von dem einen in das andere hinüberschillern. Da sind dann die beiden Impulse nicht von einer sehr starken Intensität.

Und wir müssen daher unter allen Umständen, selbst wenn es bisweilen eine Art Gewissenserforschung darstellt, eine Charakter-Gewissenserforschung, wir müssen schon dem Leben eine Möglichkeit abgewinnen, die anthroposophische Bewegung dahin zu vertiefen, daß wir an solche Dinge herantreten, uns ein wenig Gedanken darüber machen: Wie gehören wir unserer übersinnlichen Natur nach zu dieser anthroposophischen Bewegung? Dadurch wird eine allmählich immer stärker werdende vergeistigte Auffassung der anthroposophischen Bewegung zutage treten. Was man als Theorien verficht, und was nicht besonders tief zu gehen braucht, wenn man es nur als Theorien verficht, das wendet man dann auf das Leben an. Es ist eine starke Anwendung auf das Leben, wenn man sich selber, entsprechend diesen Dingen, in das Leben hineinstellt. Daß einer viel redet vom Karma: das wird so belohnt, das wird so bestraft von einem Leben ins andere herüber –, das braucht einem nicht besonders weh zu tun. Aber wenn es sozusagen ins eigene Fleisch geht, wenn es sich darum handelt, die gegenwärtige Inkarnation hereinzustellen mit einer ganz bestimmten übersinnlichen Qualität, die ihr zugrunde liegt, dann geht es schon näher an die eigene Wesenheit heran. Und Vertiefung des menschlichen Wesens soll es ja sein, was wir durch die Anthroposophie in das Erdenleben, in die Erdenzivilisation hereinbringen.

Nun, meine lieben Freunde, das war eine Intermezzobetrachtung, die dann am nächsten Freitag weiterführen wird.

FÜNFTER VORTRAG

Dornach, 11. Juli 1924

Die Mitglieder der Anthroposophischen Gesellschaft kommen zu dieser Gesellschaft, wie es ja durchaus selbstverständlich ist, aus Gründen der inneren Seelenverfassung. Wenn also über das Karma der Anthroposophischen Gesellschaft gesprochen wird, wie wir es jetzt tun, über das Karma der anthroposophischen Bewegung überhaupt, aus der karmischen Entwickelung von Mitgliedern und Mitgliedergruppen heraus, dann muß es sich natürlich auch darum handeln, die Grundlagen zu diesem Karma in der Seelenverfassung der Menschen, die Anthroposophie suchen, zu sehen. Und das haben wir ja bereits begonnen. Wir wollen noch einiges zu dieser Seelenverfassung kennenlernen, um dann auch auf das weitere im Karma der anthroposophischen Bewegung eingehen zu können.

Sie haben ja gesehen, ich habe als auf das Wichtigste in der Seelenverfassung der Anthroposophen auf dasjenige hingewiesen, was diese in jenen Inkarnationen erlebt haben, die sie etwa in den ersten Jahrhunderten der Begründung des Christentums durchmachten, erlebt haben. Ich sagte, es können Inkarnationen dazwischen liegen, wichtig ist aber diejenige Inkarnation, die so in das 4. bis 8. nachchristliche Jahrhundert fällt. Diese Inkarnation hat uns durch ihre Betrachtung ergeben, daß wir zwei Gruppen von Persönlichkeiten zu unterscheiden haben, die zur anthroposophischen Bewegung kommen. Diese zwei Gruppen haben wir charakterisiert. Wir wollen aber jetzt etwas Gemeinsames ins Auge fassen, etwas, was sozusagen als wichtiges Gemeinsames auf dem Grunde der Seelen liegt, die eine solche Entwickelung durchgemacht haben, wie ich sie im letzten Mitgliedervortrag charakterisiert habe.

Wir stehen da durchaus, wenn wir auf diese ersten christlichen Jahrhunderte hinschauen, in einer Zeit, in der die Menschen noch ganz anders waren als jetzt. Wir können sagen: Wenn der heutige Mensch aufwacht, so geschieht das so, daß er eigentlich mit großer Schnelligkeit hineinschlüpft in seinen physischen Leib, natürlich mit der Reserve, die ich hier besprochen habe. Ich sagte schon, das Hineinschlüpfen und das Sich-Ausdehnen darinnen dauert ja den ganzen Tag; aber die Wahrnehmung, daß das Ich und der astralische Leib herankommen, das geschieht außerordentlich schnell. Es ist heute für den aufwachenden Menschen sozusagen keine Zwischenzeit vorhanden zwischen dem Gewahrwerden des ätherischen Leibes und dem Gewahrwerden des physischen Leibes. Man geht schnell durch die Wahrnehmung des ätherischen Leibes hindurch, bemerkt den ätherischen Leib gar nicht und taucht sogleich in den physischen Leib hinein beim Aufwachen. Das ist die Eigentümlichkeit des heutigen Menschen.

Die Eigentümlichkeit jener Menschen, die noch in diesen ersten christlichen Jahrhunderten gelebt haben, die ich charakterisiert habe, bestand darin, daß sie im Aufwachen deutlich wahrnahmen: Ich komme in ein Zweifaches hinein, in den ätherischen Leib und in den physischen Leib. Und sie wußten: Man geht durch die Wahrnehmung des ätherischen Leibes durch und gelangt dann erst in den physischen Leib hinein. Und es war so, daß die Leute eigentlich in diesem Augenblicke, wo sie aufwachten, vor sich hatten, wenn auch nicht ein ganzes Lebenstableau, so doch viele Bilder aus ihrem bisherigen Erdenleben. Und noch etwas anderes hatten sie vor sich, was ich gleich nachher charakterisieren werde. Denn daß man so, ich möchte sagen, etappenweise in dasjenige hineingelangt, was im Bette liegenbleibt, in den ätherischen und in den physischen Leib, das bewirkte für die ganze Zeit des Wachseins etwas anderes, als was heute unsere Erlebnisse während des Wachseins sind.

Wiederum, wenn wir das Einschlafen heute betrachten, so ist das Eigentümliche, daß wenn das Ich und der astralische Leib aus dem physischen Leib und Ätherleib herausgehen, so saugt das Ich sehr schnell den astralischen Leib auf. Und da das Ich ganz haltlos ist gegenüber dem Kosmos, noch gar nichts wahrnehmen kann, so hört der Mensch beim Einschlafen auf, wahrzunehmen. Was da herausdringt als Träume, ist ja nur sporadisch.

Wiederum war das nicht so in jenen Zeiten, von denen ich gesprochen habe. Da sog das Ich nicht sogleich den astralischen Leib auf, sondern der astralische Leib blieb in seiner eigenen Substanz selbständig bestehen, nachdem die Menschen eingeschlafen waren. Und er blieb eigentlich bis zu einem gewissen Grade die ganze Nacht hindurch bestehen. So daß der Mensch am Morgen nicht so aufwachte, daß er aus der Bewußtseinsfinsternis aufwachte, sondern er wachte so auf, daß er die Empfindung hatte: Du hast ja da in einer lichtvollen Welt gelebt, in der allerlei vorgegangen ist; Bilder waren es zwar, aber es ist allerlei vorgegangen. – Es war also durchaus so, daß der Mensch in der damaligen Zeit eine Zwischenempfindung hatte zwischen dem Wachen und Schlafen. Sie war leise, sie war intim, aber sie war da. Das hörte bei der eigentlich zivilisierten Menschheit erst vollständig auf mit dem Beginn des 14. Jahrhunderts. Dadurch aber erlebten ja alle die Seelen, von denen ich neulich gesprochen habe, die Welt anders, als sie die heutigen Menschen erleben. Stellen wir uns einmal vor das Auge, wie die Menschen, also Sie alle, meine lieben Freunde, dazumal die Welt erlebten.

Dadurch, daß eine Etappe war im Untertauchen in den ätherischen und physischen Leib, dadurch schaute der Mensch während seines ganzen Wachseins nicht so in die Natur hinaus, daß er nur die nüchterne prosaische Sinneswelt sah, die der Mensch heute sieht und die er, wenn er sie sich ergänzen will, nur durch seine Phantasie ergänzen kann. Sondern er schaute hinaus, sagen wir in die Welt der Pflanzen, zum Beispiel auf ein blumiges Wiesengebiet so, als ob ein leiser, bläulich-rötlicher Wolkenschein – namentlich dann, wenn die Sonne milder schien am Tag, wenn es nicht gerade Mittagszeit war –, wie wenn ein bläulich-rötlicher, mannigfaltig gewellter und gewolkter Schein, Nebelschein, sich ausbreitete über der blumigen Wiese. Was man etwa heute sieht, wenn leichter Nebel über der Wiese ist, was dann aber herrührt von dem verdunsteten Wasser, das sah man im Geistig-Astralischen dazumal. Und so sah man eigentlich jede Baumkrone gehüllt in eine solche Wolke, so sah man Saatfelder so, wie wenn rötlich-bläuliche Strahlungen, nebelhaft sprießend, aus dem Kosmos in den Erdboden sich heruntersenkten.

Und schaute man die Tiere an, dann hatte man den Eindruck, daß diese Tiere nicht nur ihre physische Gestalt haben, sondern daß diese physische Gestalt in einer astralischen Aura sich befindet. Leise, intim nahm man diese Aura wahr, eigentlich aber nur, wenn die Lichtverhältnisse des Sonnenscheins in einer bestimmten milden Weise tätig waren. Aber man nahm sie eben wahr. Man sah also überall in der äußeren Natur Geistiges walten und weben.

Und starb man, dann war einem dasjenige, was man in den ersten Tagen, nachdem man durch die Pforte des Todes geschritten war, als eine Rückschau auf das Erdenleben hatte, etwas, was einem im Grunde vertraut war; denn man hatte eine ganz bestimmte Empfindung gegenüber dieser nach dem Tode auftretenden Rückschau auf das Erdenleben. Man hatte die Empfindung, daß man sich sagte: Jetzt entlasse ich aus meinem Organismus dasjenige Aurische, das hingeht zu dem, was ich in der Natur an Aurischem gesehen habe. In seine eigene Heimat geht mein Ätherleib – so empfand man.

Alle diese Empfindungen waren in noch älteren Zeiten natürlich wesentlich stärker. Aber sie waren auch noch, wenn auch in leiser Art, vorhanden in der Zeit, von der ich hier spreche. Und man empfand dann, wenn man dies sah, nachdem man durch die Pforte des Todes gegangen war: In all dem geistigen Weben und Leben, das ich geschaut habe über den natürlichen Dingen und natürlichen Vorgängen, spricht das Wort des Vatergottes, und zum Vater gehet mein Ätherleib.

Wenn der Mensch so durch die andere Art des Aufwachens die äußere Natur sah, so sah er auch sein eigenes Äußeres anders, als das später der Fall war. Wenn der Mensch einschlief, wurde der astralische Leib nicht gleich aufgesogen von dem Ich. In einem solchen Verhältnisse «tönt» der astralische Leib. Und es tönte aus geistigen Welten in das schlafende Menschen-Ich herein – wenn auch nicht mehr so deutlich wie in uralten Zeiten, so doch eben in leiser, intimer Form – allerlei, was man nicht hören kann im wachenden Zustande. Und der Mensch hatte beim Aufwachen durchaus die Empfindung: einer Geistersprache in lichten kosmischen Räumen war ich teilhaftig vom Einschlafen bis zum Aufwachen.

Und wenn dann der Mensch, einige Tage nachdem er durch die Pforte des Todes geschritten war, den Ätherleib abgelegt hatte und nun in seinem astralischen Leibe lebte, dann hatte er wiederum das

Gefühl: In diesem astralischen Leibe erlebe ich alles das im Rücklauf, was ich auf der Erde gedacht, getan habe. Aber ich erlebe in diesem astralischen Leibe, in dem ich jede Nacht im Schlafe gelebt habe, dasjenige, was ich auf Erden gedacht und getan habe. – Und während der Mensch nur Unbestimmtes mitnahm in das Aufwachen hinein, fühlte er jetzt, indem er in der Zeit zwischen dem Tode und einer neuen Geburt in seinem Astralleib sein Erdenleben zurücklebte: In diesem meinem astralischen Leibe lebt der Christus. Ich habe es nur nicht bemerkt, aber jede Nacht lebte mein astralischer Leib in der Wesenhaftigkeit des Christus. Jetzt wußte der Mensch: Solange er zu erleben hat dieses rücklaufende Erdenleben, verläßt ihn, weil er bei seinem astralischen Leibe ist, der Christus nicht.

Sehen Sie, wie man auch zum Christentum gestanden haben mag in diesen ersten christlichen Jahrhunderten, ob so wie die erste Gruppe der Menschen, die ich besprochen habe, ob so wie die zweite Gruppe, ob man gewissermaßen noch mit mehr heidnischer Kraft oder mit Heidentumsmüdigkeit lebte, man erlebte ganz gewiß – wenn auch nicht auf der Erde – nach dem Tode die große Tatsache des Mysteriums von Golgatha: daß sich der Christus, das früher dirigierende Wesen der Sonne, vereinigt hat mit dem, was als Menschen auf der Erde lebt. Das haben alle diejenigen erlebt, welche in den ersten Jahrhunderten der christlichen Entwickelung dem Christentum nahegetreten waren. Für die anderen ist es mehr oder weniger unverständlich geblieben, was sie da nach dem Tode erlebten. Das aber waren die Grundunterschiede im Erleben der Seelen in den ersten christlichen Jahrhunderten und später.

Aber das alles bewirkte noch etwas anderes. Das alles bewirkte, daß der Mensch, wenn er im wachenden Zustande die Natur schaute, diese Natur durchaus als die Domäne des Vatergottes empfand. Denn all das Geistige, was er da webend und lebend bemerkte, war ihm der Ausdruck, die Offenbarung des Vatergottes. Und er empfand, daß eine Welt da ist, die in der Zeit, in der der Christus auf der Erde erschien, etwas brauchte: nämlich die Aufnahme des Christus in die Erdensubstanz für die Menschheit. Es empfand der Mensch noch etwas wie lebendiges Christus-Prinzip gegenüber dem Naturgeschehen und

Naturwalten. Denn es war ja etwas verbunden mit diesem Anschauen der Natur, so daß man in ihr ein geistiges Weben und Walten schaute.

Was da empfunden wurde als geistiges Weben und Walten, was da gewissermaßen in sich wandelnden Geistgestalten über allem Pflanzlichen und um alles Tierische schwebte, das wurde so empfunden, daß der unbefangen fühlende Mensch diese Empfindung zusammenbrachte in die Worte: Das ist Unschuld des Naturdaseins. Ja, meine lieben Freunde, was da geistig zu schauen war, nannte man geradezu die Unschuld im Naturwalten, und man sprach von der unschuldigen Geistigkeit im Naturwalten. Dasjenige aber, was innerlich gefühlt wurde, wenn man aufwachte: daß man vom Einschlafen bis zum Aufwachen in einer Welt heller, tönender Geistigkeit war, das empfand man so, daß darinnen das Gute und das Böse walten kann, daß in ihm, wenn es so heraustönt aus den Tiefen des Geistigen, gute Geister und böse Geister sprechen, daß die guten Geister die Unschuld der Natur nur höher bringen wollen, sie bewahren wollen, daß die bösen Geister aber der Unschuld der Natur die Schuld beigeben. Und man empfand überall, wo solche Christen lebten, wie ich sie hier schildere, das Walten des Guten und das Walten des Bösen gerade durch den Umstand, daß im schlafenden Zustande beim Menschen das Ich nicht in sich hineinsog den astralischen Leib.

Es waren nicht alle diejenigen, die sich damals Christen nannten, oder irgendwie dem Christentum nahestanden, von dieser Seelenverfassung. Aber es war eine große Anzahl von Menschen, die in den südlichen und mittleren Gegenden Europas lebten, die sagten: Ja, mein Inneres, das sich da selbständig auslebt zwischen Einschlafen und Aufwachen, das gehört der Region einer guten und der Region einer bösen Welt an. Und viel, viel wurde nachgedacht und nachgesonnen über die Tiefe der Kräfte, die das Gute und Böse in der Menschenseele auslösen. Schwer wurde empfunden das Hineingestelltsein der Menschenseele in eine Welt, in der die guten und die bösen Mächte miteinander kämpfen. In den allerersten Jahrhunderten waren diese Empfindungen in den südlichen und mittleren Gegenden Europas noch nicht vorhanden, aber im 5., 6. Jahrhundert wurden sie immer häufiger; und namentlich unter denjenigen Menschen, die mehr Kunde erhielten vom Osten herüber – in der mannigfaltigsten Weise kam ja diese Kunde vom Osten herüber –, entstand diese Seelenstimmung. Und weil sich diese Seelenstimmung besonders stark in denjenigen Gegenden ausbreitete, für die sich der Name «Bulgarien» dann herausbildete – auf eine merkwürdige Weise blieb ja der Name auch, als später ganz andere Völkerschaften diese Gegenden bewohnten –, nannte man in späteren Jahrhunderten die längste Zeit hindurch in Europa Menschen, welche diese Seelenstimmung besonders stark ausgebildet hatten, Bulgaren. Bulgaren waren in den späteren christlichen Jahrhunderten der ersten Hälfte des Mittelalters für die West- und Mitteleuropäer Menschen, welche besonders stark berührt wurden von dem Gegensatze der guten und der bösen kosmisch-geistigen Mächte. Man findet den Namen Bulgaren in ganz Europa für solche Menschen, wie ich sie charakterisiert habe.

Aber mehr oder weniger gerade in solcher Seelenverfassung waren die Seelen, von denen ich hier spreche: die Seelen, die dann in ihrer weiteren Entwickelung dazu kamen, jene mächtigen Bilder im überirdischen Kultus zu schauen, an ihrer Betätigung mitzumachen, die dann in die erste Hälfte des 19. Jahrhunderts fielen. All das, was die Seelen durchleben konnten in diesem Sich-drinnen-Wissen in dem Kampfe zwischen Gut und Böse, das wurde durch das Leben zwischen dem Tod und einer neuen Geburt hindurchgetragen. Und das nuancierte, das färbte die Seelen, die dann vor den geschilderten mächtigen Bildern standen.

Dazu kam aber noch etwas anderes. Diese Seelen waren sozusagen die letzten, die innerhalb der europäischen Zivilisation sich noch etwas bewahrt hatten von diesem gesonderten Wahrnehmen des ätherischen und astralischen Leibes im Wachen und Schlafen. Sie lebten durchaus, indem sie sich an diesen Eigentümlichkeiten des Seelenlebens erkannten, in Gemeinschaften. Man sah sie innerhalb derjenigen Christen, die sich immer mehr und mehr an Rom anschlossen, als Ketzer an. Man war ja dazumal noch nicht so weit, daß man die Ketzer in derselben strengen Form verdammte wie später, aber man sah sie als Ketzer an. Man hatte überhaupt von ihnen einen unheimlichen Eindruck. Man hatte eben den Eindruck, daß sie mehr sahen als die anderen Leute, daß sie auch zu dem Göttlichen in einer anderen Weise standen durch das Wahrnehmen des Schlafzustandes. Denn die anderen Menschen, unter denen sie wohnten, die hatten eben längst dieses verloren, hatten sich längst mehr der Seelenverfassung genähert, die dann im 14. Jahrhundert in Europa allgemein wurde.

Aber wenn dann diese Menschen, von denen ich da spreche, diese Menschen mit der gesonderten Wahrnehmung des astralischen und des Ätherleibes, durch die Pforte des Todes gingen, dann unterschieden sie sich auch von denjenigen, die anders waren. Und man darf nicht glauben, daß der Mensch zwischen dem Tode und einer neuen Geburt ohne allen Anteil ist an dem, was auf der Erde durch Menschen geschieht. Wie wir gewissermaßen von hier aus in die himmlisch-geistige Welt hinaufschauen, schaut man zwischen dem Tode und einer neuen Geburt von der himmlisch-geistigen Welt auf die Erde herunter. Wie man von hier aus teilnimmt an den Geistwesen, nimmt man von der geistigen Welt aus teil an dem, was die Erdwesen auf Erden erleben.

Nun folgte auf die Zeit, die ich hier schildere, jene, in der hier in Europa das Christentum sich darauf einrichtete, etwas zu sein auch unter der Voraussetzung, daß der Mensch nichts mehr weiß von seinem astralischen Leib und von seinem ätherischen Leib. Es richtete sich das Christentum darauf ein, über die geistige Welt zu reden, ohne daß beim Menschen diese Voraussetzungen gemacht werden konnten. Denn bedenken Sie nur, meine lieben Freunde: Wenn die alten christlichen Lehrer in den ersten Jahrhunderten zu ihren Christen sprachen, so fanden sie in der Tat schon eine große Zahl von solchen, die nur auf die äußere Autorität hin die Worte als wahr hinnehmen konnten; aber die noch naivere Stimmung der damaligen Zeit ließ eben diese Worte hinnehmen, wenn sie aus warmem, enthusiastischem Herzen gesprochen waren. Und wie warm und enthusiastisch Herzen in den ersten Jahrhunderten das Christentum predigten, davon macht man sich heute, wo so vieles in eine bloße Wortpredigt übergegangen ist, keinen Begriff mehr.

Aber diejenigen, die sprechen konnten zu solchen Seelen, wie ich sie hier geschildert habe, was konnten die für Worte sprechen? Ja, meine lieben Freunde, die konnten sagen: Schaut hin auf dasjenige, was sich in regenbogenschillerndem Scheine über den Pflanzen, was sich an Begierdenhaftem an den Tieren zeigt, schaut hin: das ist der Abglanz, das ist die Offenbarung der geistigen Welt, von der auch wir sprechen, der geistigen Welt, aus der heraus der Christus stammt. Man sprach gewissermaßen, indem man zu solchen Menschen von den geistigen Weistümern sprach, nicht von etwas Unbekanntem; man sprach zu ihnen, indem man sie erinnern konnte an dasjenige, was sie unter gewissen Umständen in der milden Sonnenbeleuchtung schauen konnten als den Geist in der Natur.

Und wiederum, wenn man ihnen davon sprach, daß das Evangelium da ist, welches von der geistigen Welt, von den geistigen Geheimnissen verkündet, wenn man ihnen sprach von den Geheimnissen des Alten Testamentes, dann sprach man ihnen wieder nicht von etwas Unbekanntem, sondern man konnte ihnen sagen: Hier ist das Wort des Testamentes; dieses Wort des Testamentes ist von jenen Menschenwesen aufgeschrieben, die zwar deutlicher als ihr vernommen haben das Raunen jener Geistigkeit, in der eure Seelen zwischen dem Einschlafen und Aufwachen sind, aber ihr wißt von diesem Raunen, denn ihr erinnert euch daran, wenn ihr am Morgen aufgewacht seid. Und so konnte man davon zu diesen Menschen als von etwas Bekanntem sprechen. So war in gewisser Weise in dem Gespräche, das die Priester, das die Prediger der damaligen Zeit mit diesen Menschen führten, etwas darinnen von dem, was in den Seelen dieser Menschen selber sich abspielte. Und so war in dieser Zeit das Wort noch lebendig und konnte als Lebendiges gepflegt werden.

Und wenn dann diese Seelen, zu denen man im Worte sprechen konnte als in etwas Lebendigem, hinunterschauten auf die Erde, nachdem sie durch die Pforte des Todes geschritten waren, dann sahen sie auf die Abenddämmerung dieses lebendigen Wortes da unten, und sie hatten die Empfindung: der Logos dämmert. Das war die Grundempfindung solcher Seelen, wie ich sie geschildert habe, die nach dem 7., 8., 9. Jahrhundert oder schon etwas früher durch die Pforte des Todes gegangen sind, daß sie beim Hinunterschauen auf die Erde empfunden haben: Hier unten auf Erden ist die Abenddämmerung des lebendigen Logos. Und es lebte wohl in diesen Seelen das Wort:

«Und das Wort ist Fleisch geworden und hat unter uns gewohnet», und sie empfanden: Aber die Menschen haben immer weniger ein Haus für das Wort, das im Fleische leben soll, fortleben soll auf der Erde.

Das gab wiederum eine Grundstimmung, die Grundstimmung bei den Seelen, die zwischen dem 7., 8. und dem 19., 20. Jahrhundert in der geistigen Welt lebten, auch wenn sie in irgendeinem Erdendasein eine Unterbrechung hatten, das gab die Grundstimmung ab: Der Christus lebt zwar für die Erde, denn er ist für die Erde gestorben, aber die Erde kann ihn nicht aufnehmen; und es muß werden die Kraft auf der Erde, daß Seelen den Christus aufnehmen können! Das lebte sich neben allem anderen, was ich geschildert habe, gerade in diese in ihrer Erdenzeit als ketzerisch angesehenen Seelen hinein zwischen dem Tode und einer neuen Geburt: Das Bedürfnis nach einer neuen, nach einer erneuerten Christus-Offenbarung, Christus-Verkündigung.

Unter solcher Seelenverfassung erlebten diese entkörperten Menschen, wie auf Erden dasjenige geschah, was ihnen auf der Erde eigentlich noch gänzlich unbekannt sein mußte. Sie lernten verstehen, was da unten auf Erden sich abspielte. Sie sahen, wie immer weniger und weniger die Seelen auf der Erde vom Geiste ergriffen waren, wie gar keine Menschen mehr da waren, denen man sagen konnte: Wir verkündigen euch den Geist, den ihr selber noch schwebend über der Pflanzenwelt, schimmernd an den Tieren schauen könnt. Wir lehren euch das Testament, das herausgeschrieben ist aus jenen Tönen, die ihr noch raunen hört, wenn ihr das Nachfühlen der nächtlichen Erlebnisse habt. – Alles das war nicht mehr da.

Sie sahen von oben, wo sich die Dinge ganz anders ausnahmen, wie in der christlichen Entwickelung ein Ersatz eintrat für die alte Sprache. Denn schließlich, wenn auch die Prediger zu den weitaus meisten Menschen schon so sprechen mußten, da diese kein Bewußtsein des Geistigen im Erdenleben hatten, es war die ganze Tradition, der ganze Gebrauch der Rede noch aus Zeiten heraus, in denen man voraussetzen konnte, daß, wenn man vom Geiste redete, die Menschen noch etwas fühlten vom Geiste.

Das alles verschwand eigentlich erst vollständig um das 9., 10., 11. Jahrhundert herum. Da entstand eine ganz andere Verfassung sogar im Anhören. Wenn man früher einen Menschen, der aus dem Geiste heraus sprach, der eben enthusiastisch-gotterfüllt war, reden hörte, da hatte man das Gefühl, beim Zuhören gehe man eigentlich etwas aus sich heraus, man gehe etwas in seinen ätherischen Leib hinein, den physischen Leib verlasse man etwas. Und wiederum hatte man das Gefühl, man nähere sich da dem astralischen Leibe. Man hatte wirklich immerhin noch ein leises Gefühl des Entrücktseins beim Zuhören. Man gab noch nicht so viel auf das bloße Nur-Hören, man gab viel mehr auf das, was man innerlich in einer leisen Entrücktheit erlebte. Man lebte mit die Worte, die gesprochen wurden von gottbegeisterten Menschen.

Das verschwand im 9., 10., 11. Jahrhundert gegen das 14. Jahrhundert hinüber vollständig. Das Nur-Hören wurde immer mehr gang und gäbe. Da entstand denn das Bedürfnis, an etwas anderes zu appellieren, wenn man von dem Geistigen sprach. Da entstand das Bedürfnis, aus dem, der zuhören sollte, herauszuziehen dasjenige, was er als Ansicht haben sollte über die geistige Welt. Es entstand das Bedürfnis, ihn gewissermaßen so zu bearbeiten, daß er sich aus diesem verhärteten Körper heraus doch noch gedrängt fühle, etwas über die geistige Welt zu sagen. Und daraus entstand das Bedürfnis, in Frage- und Antwortspiel die Unterweisung über die geistige Welt zu geben. Indem man fragt – Fragen haben immer etwas Suggestives –: Was ist die Taufe? – und den Menschen auf eine bestimmte Antwort präpariert, oder: Was ist die Firmung? Was ist der Heilige Geist? Was ist der Tod? Welches sind die sieben Hauptsünden? – indem man dieses Frage- und Antwortspiel präpariert, ersetzt man das selbstverständliche elementare Zuhören. Und es kam in dieser Zeit – zuerst an diejenigen Menschen, die in solche Schulen kamen, wo man das tun konnte – herauf, was ein Einlernen in Frage und Antwort war dessen, was über die geistige Welt zu sagen war: der Katechismus entstand.

Sehen Sie, man muß auf solche Ereignisse hinschauen. Das sahen die Seelen, die in besonders starker Weise da oben waren in der geistigen Welt und jetzt herunterschauten: Da muß etwas an die Menschen herankommen, was wir ja gar nicht kennen konnten, was uns gar nicht nahelag! Und das war ein mächtiger Eindruck, daß da unten auf der

Erde der Katechismus entstand. Es ist nichts Besonderes damit gegeben, wenn die Historiker äußerlich die Entstehung des Katechismus zeigen; aber es ist viel gegeben, wenn man die Entstehung des Katechismus anschaut, wie sie sich von seiten der Übersinnlichkeit ausnahm: Da unten müssen die Menschen ganz Neues in dem Tiefsten ihrer Seele durchmachen, müssen auf Katechismusart lernen, was sie glauben sollen.

Damit schildere ich Ihnen *eine* Empfindung. Eine andere habe ich Ihnen in der folgenden Weise zu schildern. Wenn wir zurückgehen in die ersten Jahrhunderte des Christentums, so war noch nicht eine Möglichkeit vorhanden, daß man als Christ in eine Kirche ging, sich hinsetzte oder hinkniete und nun die Messe von Anfang an, vom Introitus bis zu den Gebeten, die da folgen auf die Kommunion, anhörte. Das war nicht möglich für alle, eine ganze Messe zu hören, sondern diejenigen, die Christen wurden, wurden in zwei Gruppen geteilt: die Katechumenen, welche bleiben durften bei der Messe, bis das Evangelium zu Ende gelesen war; nach dem Evangelium bereitet sich das Offertorium vor, da mußten sie hinausgehen. Und nur diejenigen, die schon längere Zeit für jene heilig-innige Gemütsstimmung vorbereitet waren, in der man das Mysterium der Transsubstantiation, die Wandlung wahrnehmen durfte: die Transsubstanten, die durften drinnenbleiben, die hörten die Messe zu Ende.

Das war ein ganz anderes Teilnehmen an der Messe. Die Menschen, von denen ich Ihnen da gesprochen habe, daß sie in ihren Seelen die Zustände durchmachten, die ich geschildert habe, die hinunterschauten und nun schon jenes merkwürdige, ihnen noch unmöglich erscheinende Ereignis des katechetischen Unterrichtes wahrnehmen, diese Menschen hatten sich mehr oder weniger für ihren Kultus die alte christliche Sitte bewahrt: den Menschen erst nach langer Vorbereitung die ganze Messe anhören zu lassen, mitmachen zu lassen. Diese Menschen, von denen ich da gesprochen habe, kannten durchaus ein Exoterisches und ein Esoterisches an der Messe. Als esoterisch wurde von ihnen angesehen, was von der Transsubstantiation, von der Wandlung ab geschieht.

Nun sahen sie wiederum herunter auf das, was sich im äußeren Kultus des Christentums zutrug. Sie sahen: Die ganze Messe ist exo-

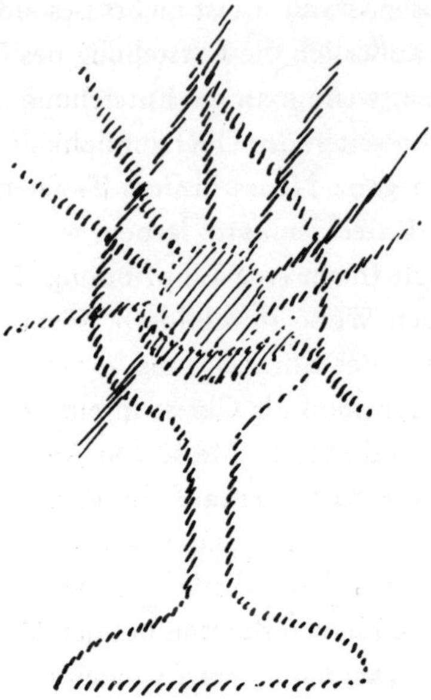

terisch geworden, die ganze Messe spielt sich auch vor demjenigen ab, der noch nicht durch eine besondere Vorbereitung in eine besondere Seelenstimmung hineingekommen ist. Ja, kann denn da der Mensch auf der Erde wirklich zu dem Mysterium von Golgatha hinkommen, wenn er in unheiliger Stimmung die Transsubstantiation empfindet? – So empfanden diese Seelen von dem Leben aus, das zwischen dem Tode und einer neuen Geburt verfließt. Wer aber die Transsubstantiation nicht versteht, versteht nicht das Geheimnis von Golgatha. So dachten wiederum diese Seelen in ihrem Zustande zwischen dem Tode und einer neuen Geburt: Der Christus wird nicht mehr in seiner Wesenheit erkannt; der Kultus wird nicht mehr verstanden.

Das lud sich ab im Inneren der Seelen, die ich geschildert habe. Und wenn so diese Seelen auf dasjenige hinunterschauten, was sich ausbildete als ein Symbolum beim Messelesen – das sogenante Sanktissimum, worinnen die Hostie auf einem halbmondförmigen Untersatze ist –, dann empfanden sie: Das ist ja das lebendige Symbolum dafür, daß man einstmals in dem Christus das Sonnenwesen gesucht hat; denn auf jedem Sanktissimum, auf jeder Monstranz sind die Strahlen der Sonne darauf. Aber verlorengegangen ist der Zusammenhang des Christus mit der Sonne; nur noch im Symbolum ist er da. Er ist da geblieben bis zum heutigen Tage im Symbolum, aber das Symbolum selber wird nicht verstanden! – Das war die zweite Empfindung, aus der dann aufsprießte eine Verstärkung des Sinnes dafür, daß eine neue Christus-Empfindung kommen müsse.

Wir wollen dann übermorgen in dem nächsten Vortrag weitersprechen über das Karma der Anthroposophischen Gesellschaft.

SECHSTER VORTRAG

Dornach, 13. Juli 1924

Ich habe unter den geistigen Entwickelungsbedingungen, welche zur anthroposophischen Bewegung geführt haben und gewissermaßen in dem Karma der anthroposophischen Bewegung enthalten sind von geistiger Seite her, die beiden äußeren Symptome angeführt: dasjenige, das sich ausdrückt in der Entstehung der Katechetik, in der Entstehung des Katechismus mit seinen Fragen und Antworten, was zu einem nicht an die geistige Welt unmittelbar anknüpfenden Glauben führte, und das Exoterischmachen der Messe, die in ihrer Gänze, auch mit Bezug auf die Transsubstantiation und Kommunion, allen Menschen, auch den unvorbereiteten, zugänglich wurde, also den Charakter des alten Mysteriums verlor. In diesen beiden irdischen Ereignissen vollzog sich dasjenige, was dann in der Beobachtung von der geistigen Welt aus, dazu führte, innerhalb der geistigen Entwickelung in einer ganz bestimmten Weise das vorzubereiten, was geistige Offenbarung werden sollte um die Wende des 19. zum 20. Jahrhundert: die geistige Offenbarung, wie sie dem Zeitenlauf angemessen ist, wie sie kommen mußte nach dem Michael-Ereignis, und wie sie kommen mußte in der Zeit, als die alte, finstere Epoche des Kali Yuga ablief, und eben ein neues, lichtes Zeitalter für die Menschheit heraufziehen sollte.

Ein Drittes haben wir heute hinzuzufügen. Und erst wenn wir diese drei geistigen Vorbedingungen für jede spirituelle Entwickelung in der Gegenwart und in der Zukunft werden vor unsere Seele geführt haben, diese drei geistigen Bedingungen, die geeignet waren, eine Anzahl von Menschen zusammenzuführen, schon bevor sie heruntergestiegen sind in die physische Welt im letzten Drittel des 19. Jahrhunderts oder um die Wende des 19. zum 20. Jahrhundert, erst wenn wir diese Vorbedingungen kennengelernt haben, wird es möglich sein, einzelne außerkarmische Ereignisse zu begreifen, welche eingeflossen sind in diejenigen Lebensläufe, die zusammengebunden sind in der anthroposophischen Bewegung.

Die besondere Art, sich zu der Natur zu stellen, und die Art, sich zum Geistigen zu stellen, wie sie heute in einem hohen Grade schon ausgebildet ist, rührt eben eigentlich erst von der Zeit her, die begonnen hat im 14., 15. Jahrhundert. Vorher war insbesondere die Beziehung der Menschheit zum Geistigen eine wesentlich andere. Nicht in Begriffen und Ideen näherte man sich dem Geiste, sondern in Erlebnissen, die noch durchdrangen, wenn auch schwach und leise, aber doch noch durchdrangen zum Geistigen.

Wenn wir heute von der Natur sprechen, haben wir ein wesenloses, totes Abstraktum. Wenn wir vom Geiste sprechen, haben wir ein Unbestimmtes, das wir irgendwie in der Welt voraussetzen, das wir einfassen in abstrakte Ideen und Begriffe. So war es nicht in der Zeit, in der die Seelen, die heute sich mit der Sehnsucht nach einer Spiritualität zusammenfinden, ihre maßgebende vorige Inkarnation hatten und in dieser maßgebenden vorigen Inkarnation hinhorchten auf das, was ihnen die erkennenden Führer der Menschheit für die Bedürfnisse ihrer Seele zu sagen hatten.

Da kommt zunächst dasjenige Zeitalter in Betracht, das so heraufgeht bis ins 7., 8. christliche Jahrhundert, wo wir eben noch einen leisen Zusammenhang der Menschenseele mit der geistigen Welt, ein Erleben der geistigen Welt selber haben, wo auch die erkennenden Menschen in lebendiger Beziehung zur geistigen Welt standen. Und dann haben wir das Zeitalter, das mit dem 7., 8. Jahrhundert beginnt und dauert bis zur großen Wende im 14. und 15. Jahrhundert, wo diejenigen Menschenseelen, die in den ersten christlichen Jahrhunderten auf der Erde noch jenes Zeitalter, das ich geschildert habe, mitgemacht haben, in dem Leben zwischen dem Tode und einer neuen Geburt waren.

Aber wenn auch vom 6., 7., 8. Jahrhundert ab kein unmittelbarer Zusammenhang mit der geistigen Welt vorhanden war, so, möchte ich sagen, flüchtete doch ein gewisses Bewußtsein dieses Zusammenhanges noch in einzelne Lehrstätten hinein. Man redete in einzelnen Lehrstätten noch so, wie man in den ersten christlichen Jahrhunderten auf dem Erkenntnisgebiete gesprochen hat. Und dann war es wohl möglich, daß einzelne auserlesene Menschen an der Art und Weise, wie man redete über die geistige Welt, innere Impulse bekamen, um doch wenigstens zu gewissen Zeiten durchzubrechen in die geistige Welt.

Und es gab immerhin einzelne Stätten, in denen man so lehrte, daß man sich von dieser Art heute keine Vorstellung mehr machen kann.

Im 12., 13. Jahrhundert nahm das eigentlich erst sein Ende, und da ist es, ich möchte sagen, eingeströmt zuletzt in eine bedeutende Dichtung, in der es für das Erleben der Menschen ein Ende gefunden hat, in Dantes Commedia, in die «Divina Commedia». Es liegt in demjenigen, was vor der Entstehung der Commedia liegt, ein wunderbares Kapitel menschlicher Entwickelung aus dem Grunde, weil da fortwährend die Wirksamkeiten von hier, von der Erde aus, und die Wirksamkeiten von dem Überirdischen aus zusammenspielen. Beides fließt fortwährend zusammen: weil die Menschen auf der Erde den Zusammenhang mit der geistigen Welt etwas verloren hatten, weil denjenigen Menschen, die oben lebten und diesen Zusammenhang hier auf der Erde noch erlebt hatten, der Anblick des Irdischen eine besonders wehmutsvolle Stimmung hervorrief. Sie sahen hinsinken, was sie selbst noch auf der Erde erlebt hatten, und sie begeisterten, spiritualisierten von der übersinnlichen Welt aus Individualitäten in der sinnlichen Welt, um doch da und dort noch eine Pflegestätte zu bilden von demjenigen, was Zusammenhang des Menschen mit der Geistigkeit ist.

Machen wir uns doch klar – ich habe es vor Jahren hier angedeutet –, wie bis ins 7., 8. Jahrhundert, als Nachwirkung der vorchristlichen Einweihung, das Christentum aufgenommen wurde in Stätten, die immerhin als hohe Erkentnisstätten, als die Nachzügler der Mysterien vorhanden waren. Da war es so, daß Menschen, zunächst nicht unterrichtlich, aber durch eine auf das Geistige hin gerichtete Erziehung im Körperlichen und im Geistigen, vorbereitet wurden auf den Moment, wo sie das leise Hinschauen auf die Geistigkeit haben konnten, die in der Menschenumgebung auf Erden sich offenbaren kann. Dann richtete sich ihr Blick hinaus auf die Reiche des Mineralischen, des Pflanzlichen, und alles das, was im tierischen, im menschlichen Reiche lebt. Und dann sahen sie aurisch aufsprießen und wiederum befruchtet werden aus dem Kosmos die geistig-elementaren Wesenheiten, die in allem Natürlichen lebten.

Und dann vor allen Dingen erschien ihnen – wie ein Wesen, das sie ansprachen wie einen anderen Menschen, nur eben wie ein Wesen höherer Art – die «Göttin Natura». Es war das diejenige Göttin, die sie, ich kann nicht sagen leibhaftig, aber seelenhaftig in vollem Glanze vor sich sahen. Man sprach nicht von abstrakten Naturgesetzen, man sprach von der in der Natur überall schöpferischen Kraft der Göttin Natura.

Sie war die Metamorphose der alten Proserpina. Sie war jene schaffende Göttin, mit der sich in einer gewissen Weise derjenige verband, der nach Erkenntnis suchen sollte, die ihm erschien aus jedem Mineral, aus jeder Pflanze, aus jedem Getier, erschien aus den Wolken, erschien aus den Bergen, erschien aus den Quellen. Von dieser Göttin, die abwechselnd in Winter und Sommer oberirdisch und unterirdisch schafft, von dieser Göttin empfanden sie: sie ist die Helferin derjenigen Gottheit, von der die Evangelien sprechen, sie ist die ausführende göttliche Macht.

Und wenn dann ein solcher Mensch, der nach Erkenntnis strebte, in genügender Weise über das Mineralische, Pflanzliche, Tierische unterrichtet war von dieser Göttin, wenn er eingeführt war in die lebendigen Kräfte, dann lernte er durch sie kennen die Natur der vier Elemente: Erde, Wasser, Luft, Feuer. Und er lernte kennen, wie wogen und weben innerhalb des Mineralischen, Tierischen und Pflanzlichen diese konkret über die Welt sich ergießenden vier Elemente: Erde, Wasser, Luft, Feuer. Und er fühlte sich selbst hineinverwoben mit seinem ätherischen Leib in das Weben der Erde mit ihrer Schwere, des Wassers mit seiner belebenden Kraft, der Luft mit ihrer empfindungsweckenden Kraft, des Feuers mit seiner Ich-entzündenden Kraft. Da fühlte sich der Mensch hineinverwoben. Das empfand er als das Geschenk des Unterrichtes der Göttin Natura, der Nachfolgerin, der Metamorphose der Proserpina. Und daß die Schüler eine Ahnung bekamen von diesem lebendigen Verkehr mit der gotterfüllten, gottsubstantiierten Natur, hindurchdrangen bis zum Weben und Leben der Elemente, darauf sahen die Lehrer.

Dann, nachdem die Schüler so weit waren, wurden sie eingeführt in das Planetensystem. Und sie lernten, wie in der Kenntnis des Planetensystems sich zugleich die Kenntnis der menschlichen Seele ergibt: Lerne erkennen, wie die Wandelsterne am Himmel wallen, so lernst du

1. GRAMMATIK A ALS WIDERKLANG DES GÖTTLICHEN WORTES (ALS HEILIGE ORDNUNG D. WORTES)

erkennen, wie deine eigene Seele in deinem Inneren wirkt und webt und lebt. Das wurde vor die Schüler hingestellt.

Und dann wurden sie herangeführt an dasjenige, was man den «Großen Ozean» nannte. Aber dieser Ozean war das kosmische Meer, das von den Planeten, von den Wandelsternen zu den Ruhesternen, zu den Fixsternen hinausführte.

Dann drangen sie ein in die Geheimnisse des Ich dadurch, daß sie die Geheimnisse der Fixsternwelt kennenlernen konnten.

Es ist heute vergessen, daß es solche Unterweisungen gegeben hat. Aber solche Unterweisungen waren da. Und solches lebendige Erkennen war ja bis zum 7., 8. Jahrhundert in den Nachzüglern der Mysterien gepflegt. Und als Lehre, als Theorie wurde es nun weitergepflegt bis in die Wende des 14. zum 15. Jahrhundert, von der ich so oft gesprochen habe. Und wir können verfolgen in einzelnen Stätten, wo solche Lehren gepflegt wurden, wie diese alten Lehren fortlebten, wenn auch unter den größtmöglichen Schwierigkeiten, wenn auch fast abgetötet bis zu Begriffen und Ideen, aber doch zu so lebendigen Begriffen und Ideen, daß sie eine Aufschau zu alldem, wovon ich gesprochen habe, noch entzünden konnten in einzelnen Menschen.

Da gab es im 11., namentlich aber im 12. Jahrhundert, herüberreichend ins 13. Jahrhundert, eine eigentlich wunderbare Schule, in der Lehrer waren, welche durchaus wußten, wie in den vorangehenden Jahrhunderten die Schüler hingeführt wurden zum Erleben des Geistigen. Es war die große Schule von Chartres, in der zusammengeflossen waren alle diejenigen Anschauungen, die hervorgegangen waren aus jener geistigen Lebendigkeit, die ich geschildert habe.

In Chartres, wo heute noch jene wunderbaren architektonischen Meisterwerke sich finden, da war vor allen Dingen hingekommen ein Strahl der noch lebendigen Weisheit des *Peter von Compostella*, der in Spanien gewirkt hat, der ein lebendig mysterienhaftes Christentum in Spanien pflegte, das noch sprach von der Helferin Christi, der Natur, das noch sprach davon, daß erst dann, wenn diese Natur den Menschen eingeführt hat in die Elemente, in die Planetenwelt, in die Sternenwelt, daß erst dann der Mensch reif wird, die sieben Helferinnen, ich kann wiederum nicht sagen leibhaftig, aber seelenhaftig kennenzulernen, Helferinnen, die nicht in abstrakten Theoriekapiteln vor die menschliche Seele hintraten, sondern als lebendige Göttinnen: Grammatik, Dialektik, Rhetorik, Arithmetik, Geometrie, Astronomie, Musik. Als göttlich-geistige Gestalten, lebendig lernten die Schüler sie kennen.

Nun, von solchen lebendigen Gestalten sprachen diejenigen, die um Peter von Compostella waren. Die Lehren des Peter von Compostella, sie strahlten hinein in die Schule von Chartres. In dieser Schule von Chartres lehrte zum Beispiel der große *Bernardus von Chartres,* der seine Schüler begeisterte, indem er ihnen zwar nicht mehr die Göttin Natura, nicht mehr die Göttinnen der sieben freien Künste zeigen konnte, der aber in einer solchen Lebendigkeit von ihnen sprach, daß wenigstens die Phantasiebilder vor die Schüler hingezaubert wurden, daß in jeder Lehrstunde Wissenschaft zur leuchtenden Kunst wurde.

Da lehrte *Bernardus Silvestris,* der wie in mächtigen Schilderungen vor den Schülern erstehen ließ dasjenige, was eben alte Weisheit war. Da lehrte vor allen Dingen *Johannes von Chartres,* der in einer geradezu grandios-inspirierten Weise von der menschlichen Seele sprach; dieser Johannes von Chartres, den man auch Johannes Salisbury nannte, entwickelte da Anschauungen, in denen er sich auseinandersetzte mit Aristoteles, mit dem Aristotelismus. Da wurde auf die besonders bevorzugten Schüler so gewirkt, daß sie eine Einsicht davon bekamen, daß auf der Erde nicht mehr sein kann eine solche Lehre, wie sie war in den ersten christlichen Jahrhunderten, daß die Erdenentwickelung das nicht mehr ertragen kann. Da wurde den Schülern klargemacht: Es gibt eine alte, fast hellseherische Erkenntnis, aber die dämmert ab. *Wissen* nur kann man noch von Dialektik, Rhetorik, Astronomie, Astrologie, *schauen* kann man nicht mehr die Göttinnen der sieben freien Künste, denn weiterwirken muß der schon im Altertum den Begriffen und Ideen des fünften nachatlantischen Zeitalters gewachsene Aristoteles.

Und mit einer inspirierenden Kraft verpflanzte sich dasjenige, was in der Schule von Chartres auf diese Weise gelehrt wurde, dann nach dem Cluniacenserorden hin. Es wurde verweltlicht in demjenigen, was der Abt der Cluniacenser, *Hildebrand,* der dann als Gregor VII.

Papst wurde, über die Kirche verfügt hat; aber mit einer außerordentlichen Reinheit pflanzte sich diese Lehre in der Schule von Chartres weiter fort, und es glänzte das 12. Jahrhundert in diesen Lehren. Und insbesondere war einer da, der eigentlich alle anderen überragte, und der, ich möchte sagen, in einer ideellen Inspiration die Geheimnisse der sieben freien Künste in ihrem Zusammenhange mit dem Christentum in Chartres lehrte: *Alanus von Lille.*

Alanus von Lille, er befeuerte geradezu Schüler im 12. Jahrhundert in Chartres. Er hatte eine große Einsicht in die Tatsache, daß in den nächsten Jahrhunderten dasjenige nicht weiter der Erde zugute kommen kann, was in einer solchen Weise gelehrt wird, denn das war nicht nur Platonismus, das war Lehre vom Mysterienschauen der vorplatonischen Zeit, nur daß dieses Schauen das Christentum in sich aufgenommen hatte. Und denjenigen, von denen er Verständnis voraussetzte, lehrte Alanus von Lille schon zu seinen Lebzeiten: Jetzt muß eine aristotelisch gefärbte Erkenntnis eine Weile auf Erden wirken, in scharfen Begriffen und Ideen. Denn nur so kann vorbereitet werden, was in einer späteren Zeit als eine Spiritualität wiederkommen muß.

Es sieht für manche heutige Menschen, wenn sie die Literatur von damals lesen, trocken aus, aber es ist nicht trocken, wenn man eine Anschauung davon gewinnen kann, was vor den Seelen derjenigen stand, die in Chartres lehrten und wirkten. Lebendig wirkt durch, auch in der Dichtung, die von Chartres ausging, dieses Sich-Verbunden-Fühlen mit den lebendigen Göttern der sieben freien Künste. Und in der, für denjenigen, der sie verstehen kann, eindringlichen Dichtung: «La bataille des VII arts» fühlen wir den geistigen Atem der sieben freien Künste. Das alles wirkte im 12. Jahrhundert.

Das alles, sehen Sie, lebte noch dazumal in der geistigen Atmosphäre, das alles machte sich noch in einer gewissen Weise geltend. Das alles hatte ja noch manches Verwandte mit Schulen, die in Norditalien, in Italien überhaupt, in Spanien schon noch bestanden, aber ein sehr sporadisches Leben führten. Aber es pflanzte sich fort in lebendiger Art nach verschiedenen Strömungen der Erde hin. Und gegen das Ende des 12. Jahrhunderts war vieles von dem an der Universität von Orleans, wo merkwürdige Lehren nach dieser Art hin gepflegt wurden, wo manches vorhanden war von Inspiration durch die Schule von Chartres.

Und dann geschah es eben eines Tages, daß da unten in Italien ein vorher in Spanien weilender Gesandter, unter einem mächtigen historischen Eindruck stehend, so etwas bekam wie eine Art Sonnenstich, und in ihm alles das, was er in seiner Schule als Vorbereitung empfangen hatte, unter dem Einflusse dieses leisen Sonnenstiches zu einer mächtigen Offenbarung wurde: wo er sah, was der Mensch sehen konnte unter dem Einfluß des lebendigen Erkenntnisprinzipes, wo er sah den mächtig aufsteigenden Berg mit alldem, was herauslebt aus Mineralien, Pflanzen und Tieren, wo erschien die Göttin Natura, wo erschienen die Elemente, wo erschienen die Planeten, wo erschienen die Göttinnen der sieben freien Künste, wo dann auftrat Ovid als der führende Lehrer –, wo noch einmal vor eines Menschen Seele stand jenes Gewaltige, was so oftmals vor Menschenseelen gestanden hat in den ersten Jahrhunderten des Christentums. Es war die Vision des *Brunetto Latini,* die dann übergegangen ist auf Dante und aus der Dantes Commedia geflossen ist.

Aber ein anderes ergab sich für alle diejenigen, die in Chartres gewirkt hatten, als sie durch die Pforte des Todes gingen und, hindurchgegangen durch die Pforte des Todes, die geistige Welt betraten. Es war ein bedeutsames geistiges Leben, das Peter von Compostella, Bernardus von Chartres, Bernardus Silvestris, Johannes von Chartres-Salisbury, *Henri d'Andeli,* der das Gedicht: «La bataille des VII arts» verfaßt hat, geführt hatten, aber insbesondere das des Alanus von Lille. Er hat ja auf seine Art die Schrift «Contra Haereticos» verfaßt und damit aus der alten Anschauung heraus gegen die Ketzer sich gewendet im christlichen Sinne, aber eben aus der Anschauung der geistigen Welt heraus.

Und jetzt betraten alle diese Seelenindividualitäten, welche als die letzten noch gewirkt haben in den Nachklängen der alten geschauten Weisheit, der lichtvoll geschauten Weisheit, jetzt betraten sie die geistige Welt: jene geistige Welt, wo gerade, sich vorbereitend zum Erdendasein, wichtigste Seelen waren, die demnächst heruntersteigen sollten ins Erdendasein, um zu wirken in dem Sinne, wie dann gewirkt werden mußte, um die Wende herbeizuführen, die im 14., 15. Jahrhundert eintrat.

Da haben wir ein geistiges Dasein, meine lieben Freunde: Die letzten Großen der Schule von Chartres waren eben in der geistigen Welt angekommen. Diejenigen Individualitäten, die die Hochblüte der Scholastik einleiteten, waren noch in der geistigen Welt. Und einer der wichtigsten Ideenaustausche hinter den Kulissen der menschlichen Entwickelung spielte sich ab im Beginne des 13. Jahrhunderts zwischen denen, die noch den alten schauenden Platonismus hinaufgetragen haben aus der Schule von Chartres in die übersinnliche Welt, und denjenigen, die sich dazu bereiteten, den Aristotelismus herunterzutragen als den großen Übergang für die Herbeiführung einer neuen Spiritualität, die in der Zukunft hereinfluten sollte in die Entwickelung der Menschheit.

Da kam man überein, indem gerade diese Individualitäten, die aus der Schule von Chartres herstammten, denen sagten, die sich eben anschickten, herunterzusteigen in die sinnlich-physische Welt und den Aristotelismus in der Scholastik als das richtige Element des Zeitalters zu pflegen: Für uns ist zunächst ein Erdenwirken nicht möglich, denn die Erde ist jetzt nicht so, um in dieser Lebendigkeit die Erkenntnis zu pflegen. Was wir noch pflegen konnten als die letzten Träger des Platonismus, das muß nun vom Aristotelismus abgelöst werden. Wir bleiben hier oben. Und so blieben denn, ohne daß sie in maßgebliche Erdeninkarnationen bisher eintraten, die Geister von Chartres in der übersinnlichen Welt. Aber sie wirkten mächtig mit bei der Gestaltung jener grandiosen Imagination, die eben gestaltet wurde in der ersten Hälfte des 19. Jahrhunderts, von der ich Ihnen gesprochen habe.

Sie wirkten in vollem Einklange mit denen zusammen, die mit dem Aristotelismus zunächst auf die Erde herunterstiegen. Und insbesondere war es der Dominikanerorden, welcher Individualitäten enthielt, die, ich möchte sagen, in dieser Art von übersinnlichem Vertrag mit den Geistern von Chartres standen, die mit ihnen gewissermaßen verabredet hatten: Wir steigen herunter, um im Aristotelismus die Erkenntnis weiter zu pflegen. Ihr bleibt oben. Wir werden auch auf Erden mit euch in Verbindung bleiben können. Auf Erden kann zunächst der Platonismus nicht gedeihen. Wir werden euch wiederfinden, wenn wir zurückkommen, und wenn vorbereitet werden soll diejenige Zeit, in welcher, nachdem die Erde die scholastische Entwickelung des Aristotelismus durchgemacht hat, die Spiritualität wiederum gemeinsam mit den Geistern von Chartres entwickelt werden kann.

Es war von tief eingreifender Bedeutung zum Beispiel, als Alanus von Lille – so hat er geheißen während seines Erdendaseins – aus der geistigen Welt heruntersendete einen von ihm in der geistigen Welt wohlunterrichteten Schüler, um zwar gerade alle die Diskrepanzen, welche bestehen konnten zwischen dem Platonismus und dem Aristotelismus, auf die Erde herunterfluten zu lassen, aber so, daß aus dem scholastischen Prinzip der damaligen Zeit eine Harmonie entstehen konnte. Und so wurde insbesondere im 13. Jahrhundert dahin gewirkt, daß zusammenfließen konnte die Arbeit derjenigen, die etwa im Dominikanerkleide auf der Erde waren, und das Wirken derer, die drüben geblieben waren in der anderen Welt, da sie zunächst nicht Erdenleiber finden konnten, um ihre besondere Art von Geistigkeit auszuprägen, die nicht zum Aristotelismus hinkommen konnte.

Und es entstand im 13. Jahrhundert eben ein wunderbares Zusammenwirken zwischen demjenigen, was auf der Erde geschah, und dem, was von oben her einfloß. Oftmals waren sich die Menschen, die auf Erden wirkten, dieses Zusammenwirkens gar nicht bewußt, um so mehr aber diejenigen, die drüben wirkten. Es war ein lebendiges Zusammenwirken. Man möchte sagen: das Mysterienprinzip war hinaufgestiegen in die Himmel und ließ seine Sonnenstrahlen herabfallen auf das, was auf Erden gewirkt hat.

Es ging bis in Einzelheiten, und kann insbesondere an Einzelheiten verfolgt werden. Alanus von Lille, er hatte in seiner eigenen irdischen Entwickelung als Lehrer von Chartres nur so weit gehen können, daß er in einem bestimmten Lebensalter das Kleid der Zisterzienser angelegt hatte, Zisterzienserordenspriester wurde. Und in den Zisterzienserorden hatte sich noch das letzte an Ordensübungen in der damaligen Zeit hineingeflüchtet, um Platonismus, platonische Weltanschauung mit dem Christentum zusammen zu erwecken.

Die Art und Weise, wie er einen Schüler heruntergesendet hat, drückt sich darin aus, daß er diesen Schüler schickte, um durch den Dominikanerorden die Aufgabe, die auf den Aristotelismus übergehen sollte, weiter sich auswirken zu lassen. Der Übergang, der da war, drückte sich insbesondere äußerlich durch ein merkwürdiges Symptom aus: Jener, ich möchte sagen, überirdische Schüler des Alanus ab Insulis, er trug auf Erden zuerst das Zisterzienserkleid, vertauschte es aber später mit dem Dominikanerkleid.

Da haben wir die Individualitäten, die auf eine übersinnlich-sinnliche Weise während des 13. Jahrhunderts und noch etwas ins 14. Jahrhundert hinein zusammenwirken: Maßgebende spätere Scholastiker und ihre Schüler, miteinander langverbundene Menschenseelen, diese aber auch verbunden wiederum mit den großen Geistern der Schule von Chartres.

Da haben wir, ich möchte sagen, jenen großartigen, gewaltigen, weltgeschichtlichen Plan, der dahin ging, daß diejenigen, die nicht zum Aristotelismus auf die Erde haben heruntersteigen können, sich bewahrten in der geistigen Welt droben, um zu warten, bis die anderen dasjenige, in dem sie so innig mit den Zurückgebliebenen verbunden waren, auf der Erde weiterpflegen konnten unter dem Einfluß scharfer, vom Aristotelismus herrührender Begriffe und Ideen. Es war wirklich wie ein Herauf- und Heruntersprechen von der geistigen Welt zur irdischen, von der irdischen zur geistigen Welt hinauf in diesem 13. Jahrhundert.

In diese geistige Atmosphäre hinein konnte ja auch nur das echte Rosenkreuzertum wirken.

Und dann wurden, als diejenigen, die heruntergestiegen waren, um den Impuls des Aristotelismus zu geben, sozusagen ihre Aufgabe auf der Erde verrichtet hatten, auch sie hinaufgehoben in die geistige Welt, dann wurde in der geistigen Welt zusammengewirkt, ich möchte sagen, zwischen den Platonikern und Aristotelikern. Und um sie herum fanden sich nun jene Seelen, von denen ich gesprochen habe: die Seelen der beiden Gruppen, die ich angeführt habe.

So daß wir in einer gewissen Weise in das Karma der anthroposophischen Bewegung einfließen haben eine weit ausgebreitete Schülerschaft von Chartres und ein Hineinleben in diese Schülerschaft von all denjenigen Seelen, die eben mitgenommen haben die eine oder die andere der beiden Strömungen, von denen ich in den letzten Tagen hier gesprochen habe – ein großer Kreis, denn viele leben in diesem Kreise, die heute noch nicht den Weg zur anthroposophischen Bewegung gefunden haben. Aber es ist schon so, daß in den mancherlei Erlebnissen sich dasjenige vorbereitet hat, was im anthroposophischen Felde heute ist.

Es war zum Beispiel etwas Merkwürdiges über den Zisterzienserorden gekommen, als Alanus ab Insulis, Alanus von Lille, das Zisterzienserkleid angezogen hatte, Zisterzienserpriester geworden war mit seinem Platonismus. Das blieb im Grunde genommen, ich möchte sagen, am Zisterzienserorden haften. Und ich darf schon sagen – denn warum sollten in solchen Zusammenhängen, wie sie hier nun eröffnet werden müssen, nicht auch kleine persönliche Bemerkungen gemacht werden dürfen, die nun nicht gerade in den «Lebensgang» einfließen konnten –, ich muß schon sagen: Dasjenige, was mich manchen Zusammenhang nach dieser Richtung erkennen lehren sollte – andere Zusammenhänge haben sich eben aus ganz anderen Richtungen her ergeben –, war, daß ich eigentlich in meinem Leben bis zu meiner Weimarischen Zeit nicht loskommen konnte vom Anblicke des Zisterzienserordens, und doch wiederum in einer gewissen Weise fortwährend ferngehalten worden bin vom Zisterzienserorden. Ich wuchs sozusagen im Schatten des Zisterzienserordens auf, der wichtige Niederlassungen um Wiener Neustadt herum hat. Zisterzienserordenspriester waren diejenigen, die die meisten jungen Leute erzogen in der Gegend, in der ich aufgewachsen war. Das Zisterzienserordensgewand hatte ich fortwährend vor mir, die weiße Kutte, den weißen Habit mit der schwarzen Binde, wir nennen es Stola, um die Mitte. Und wäre ich veranlaßt gewesen, über solche Dinge in meinem «Lebensgang» zu sprechen, so würde ich gesagt haben: Alles, alles war eigentlich in meiner Kindheit darauf veranlagt, nicht jenen Bildungsgang durchzumachen, den ich durchgemacht habe, durch die Wiener Neustädter Realschule hindurch, sondern durch das Gymnasium. Das war aber dazumal noch ein Zisterzienser-Gymnasium. Und es waren die Kräfte merkwürdig, die mich zugleich anzogen und fernhielten.

Und wiederum, der ganze Kreis von Mönchen, der an der Wiener Universität Theologie lehrte, der um *Marie Eugenie delle Grazie* herum war, bestand aus Zisterziensern. Die intimsten theologischen Gespräche, die intimsten Gespräche über Christologie hatte ich mit den Zisterziensern. Ich will das nur andeuten, weil es gewissermaßen koloriert den Hinblick gerade auf die Zeit des 12. Jahrhunderts, als die Blüte von Chartres hineinleuchtete in den Zisterzienserorden. Denn in der merkwürdigen Gelehrsamkeit der Zisterzienser, die so anziehend ist, lebte ja – allerdings auf korrumpierte Art – doch noch etwas fort von dem Zauber von Chartres. Wichtigstes über die mannigfaltigsten Dinge wurde von Zisterziensern, die ich gut kannte, erforscht. Und diejenigen Dinge waren mir die wichtigsten, wo ich sagen konnte: Es ist zwar unmöglich, daß etwa solche, die Schüler von Chartres waren, sich hier inkarniert hätten; aber es ergab sich schon dem Anblick, daß sich manche der Individualitäten, die zusammenhingen mit der Schule von Chartres – wenn ich es so nennen darf –, für kurze Zeiten inkorporierten in solchen Menschen, die das Zisterzienserordenskleid trugen.

Ich möchte sagen, durch eine dünne Wand getrennt, wirkte das immer fort auf Erden, was im Übersinnlichen in der Art, wie ich es beschrieben habe, vorbereitet worden ist, und was dann zu der großen Vorbereitung in der ersten Hälfte des 19. Jahrhunderts führte. Und es war mir schon etwas höchst Merkwürdiges jenes Gespräch, das ich in meinem «Lebensgang» angeführt habe über die Wesenheit Christi, das ich mit einem Zisterzienserordenspriester, nicht im Hause, aber beim Weggehen von dem Hause von delle Grazie geführt habe, das tatsächlich geführt worden ist nicht vom heutigen dogmatisch-theologischen Standpunkte oder vom Standpunkte des Neo-Scholastizismus, sondern das geführt wurde mit aller Vertiefung in dasjenige, was einmal da war, mit aristotelischer Begriffskonturiertheit, aber auch mit platonischer Durchleuchtung.

Was da entstehen sollte in Anthroposophie, es leuchtete schon, wenn auch auf eine geheimnisvolle Art, durch die Zeitereignisse hindurch, es leuchtete, wenn auch nicht durch die in die eine oder in die andere konfessionelle oder soziale Strömung eingespannte Menschenseele, wohl aber durch dasjenige hindurch, womit diese Menschenseele als mit den großen geistigen Strömungen, die auf der Erde wirken, zusammenhängt. Und man konnte schon sehen, wie in mancherlei von dem, was da wirkte auf den verschiedensten Gebieten in einzelnen Menschen, von dem Eintritt des vorigen Michael-Zeitalters ab bis zum Ablauf des Kali Yugas, der Geist der Zeit so sprach, daß dieses Sprechen ein Herbeirufen der anthroposophischen Offenbarungen war. Man konnte heraufkommen sehen in lebendiger Art diese Anthroposophie wie ein Wesen, das geboren werden mußte, das aber wie in einem Mutterschoße ruhte in demjenigen, was aus den ersten christlichen Jahrhunderten herein auf Erden die Schule von Chartres vorbereitet hatte und was dann seine Fortpflanzung gefunden hat im Übersinnlichen und im Zusammenwirken mit dem, was auf Erden fortwirkte in der aristotelisch gefärbten Verteidigung des Christentums.

Dann entstand ja aus jenen Impulsen heraus, die wir in dem Werke des Alanus von Lille «Contra Haereticos» finden, so etwas wie die «Summa fidei catholicae contra gentiles» des *Thomas von Aquino*. Und so entstand dann jener Zug der Zeit, den wir aus all den Bildern ersehen, wo die dominikanischen Kirchenlehrer mit Füßen treten auf *Averroes, Avizenna* und andere, womit die lebendige Verteidigung des spirituellen Christentums, aber zu gleicher Zeit der Übergang in das Intellektualistische gekennzeichnet ist.

Ich vermag nicht, meine lieben Freunde, in einer theoretisierenden Art etwas darzustellen, was eine Tatsachenwelt ist, denn durch jede theoretisierende Art würden die Dinge verblaßt, unintensiv gemacht. Tatsachen wollte ich vor Ihre Seele hinstellen, aus denen Sie empfinden sollen, worauf die Blicke fallen, wenn man hinschauen will auf diejenigen Seelen, die vor ihrem jetzigen irdischen Dasein ein geistiges Dasein zwischen Tod und neuer Geburt so durchgemacht hatten, daß sie auf der Erde die Sehnsucht bekamen nach Anthroposophie.

Es wirken die entgegengesetztesten Anschauungen zusammen in der Welt, um ein Ganzes zu geben. Und jetzt wirken diejenigen Seelen, welche im 12. Jahrhundert gearbeitet haben in der großen Schule von Chartres, und jene, die mit ihnen verbunden waren durch eine der größten Geistgemeinschaften, aber in der übersinnlichen Welt im Beginne des 13. Jahrhunderts – die Geister von Chartres wirken jetzt mit denen zusammen, die mit ihnen verbunden dann den Aristotelismus gepflegt haben, gleichgültig ob die einen hier auf Erden wirken, die anderen noch nicht auf die Erde herunter können, ein neues spirituelles Zeitalter für die Erdenentwickelung intendierend. Jetzt gilt es ihnen, die Seelen zu sammeln, die seit lange mit ihnen verbunden sind, die Seelen zu sammeln, mit denen ein spirituelles Zeitalter begründet werden kann, um in verhältnismäßig kurzer Zeit auf irgendeine Weise innerhalb der sonst zugrunde gehenden Zivilisation die Möglichkeit herbeizuführen, daß zusammenwirken in Erdeninkarnationen die Geister von Chartres aus dem 12. Jahrhundert und die mit ihnen verbundenen Geister aus dem 13. Jahrhundert, damit sie im Erdendasein zusammenarbeiten können, zusammenwirken können, um die Spiritualität innerhalb der sonst in den Verfall, in den Untergang hineinsegelnden Zivilisation neu zu pflegen.

Absichten, die sozusagen gepflegt werden heute – nicht auf der Erde also, sondern zwischen Himmel und Erde, möchte ich sagen –, Absichten habe ich Ihnen damit charakterisieren wollen. Vertiefen Sie sich in das, was in diesen Absichten liegt, und Sie werden auf Ihre Seele wirksam haben den Hintergrund dessen, was im Vordergrunde haben muß das Zusammenströmen von Menschenseelen in der anthroposophischen Bewegung.

SIEBENTER VORTRAG

Dornach, 28. Juli 1924

Dieser Vortrag, wie Sie voraussetzen werden, muß eine Fortsetzung der Betrachtungen sein, die hier angestellt worden sind über den inneren Werdegang im Karma der Anthroposophischen Gesellschaft. Wir haben die Ereignisse in der physischen und überphysischen Welt, welche dem zugrunde liegen, was augenblicklich aus Anthroposophie sich der Welt kundgeben will, verfolgt. Wir wissen ja, meine lieben Freunde, daß wir zwei wichtige Einschnitte in dem Entwickelungsgang der Menschheit gerade in den letzten Jahrzehnten zu verzeichnen haben. Der eine Einschnitt ist derjenige, auf den ich öfters aufmerksam gemacht habe: der Ablauf des sogenannten finsteren Zeitalters mit dem Ende des 19. und dem Beginn des 20. Jahrhunderts. Ein lichtes Zeitalter gegenüber dem finsteren Zeitalter hat begonnen. Wir wissen ja, daß dieses finstere Zeitalter eingemündet ist in diejenige menschliche Seelenverfassung, welche die geistigen Augen der Menschen verschließt gegenüber der übersinnlichen Welt. Wir wissen, daß es in alten Zeiten der Menschheitsentwickelung ein allgemeiner Zustand des Menschen war, wenn auch traumhaft, wenn auch mehr oder weniger instinktiv, so doch hineinzuschauen in die geistige Welt. Zu zweifeln an der Wirklichkeit der geistigen Welt, das war in älteren Zeiten der Menschheitsentwickelung ganz unmöglich. Hätte dieser Zustand aber fortgedauert, hätte die Menschheit weitergelebt in diesem instinktiven Hineinschauen in die geistige Welt, so würde dasjenige in der Menschheitsentwickelung nicht heraufgekommen sein, was man Intelligenz des einzelnen Menschen nennen kann, die Handhabung des Verstandes, der Vernunft durch den individuellen, durch den persönlichen Menschen. Und damit ist ja verknüpft, was den Menschen zur Freiheit seines Willens führt. Das eine ist nicht ohne das andere denkbar.

In jenem dumpfen, instinktiven Zustand des Miterlebens der geistigen Welt, wie er einmal vorhanden war, kann der Mensch nicht zur Freiheit gelangen. Er kann auch nicht zu jenem selbständigen Denken gelangen, das man den Gebrauch der Intelligenz durch das einzelne menschliche Individuum nennen kann.

Beides mußte einmal kommen: der freie persönliche Gebrauch der Intelligenz, die Freiheit des menschlichen Willens. Deshalb mußte sich für das menschliche Bewußtsein der ursprüngliche, instinktive Einblick in die geistige Welt verfinstern. Das ist alles vollzogen, wenn auch nicht ganz klar für jeden einzelnen Menschen, so doch für die Menschheit im allgemeinen; so daß mit dem Ablauf des 19. Jahrhunderts dieses finstere Zeitalter, das die geistige Welt verfinstert, dafür aber den Gebrauch der Intelligenz und des freien Willens eröffnet, nun abgelaufen ist. Wir treten in ein Zeitalter ein, in dem an den Menschen wieder herandringen soll auf den Wegen, auf denen das möglich ist, die wirkliche geistige Welt.

Gewiß, man kann sagen: dieses Zeitalter hat nicht in sehr lichtvoller Art begonnen. Es ist so, als ob gerade die ersten Jahrzehnte des 20. Jahrhunderts alles Schlimme über die Menschheit gebracht hätten, was diese Menschheit jemals im Geschichtsverlaufe erlebt hat. Aber das hindert wiederum nicht, daß im allgemeinen die Möglichkeit in die Menschheitsentwickelung eingetreten ist, in das Licht des geistigen Lebens einzudringen. Und es ist nur so, daß die Menschen eben einfach, ich möchte sagen, wie durch Trägheit fortbehalten haben die Gewohnheiten des finsteren Zeitalters, daß diese in das 20. Jahrhundert hereinragen und daß sie, weil es ja lichtvoll werden könnte um die Wahrheit, schlimmer sich ausnehmen, als sie vorher, wo sie berechtigt waren, im finsteren Zeitalter, im Kali Yuga, sich ausgenommen haben.

Nun wissen wir ja auch, daß sich dieses Hinwenden der ganzen Menschheit zu einem lichtvollen Zeitalter vorbereitet hat dadurch, daß mit dem Ende der siebziger Jahre des 19. Jahrhunderts die Michaelzeit begonnen hat. Wollen wir uns einmal vor die Seele stellen, was das heißt, die Michaelzeit habe mit dem letzten Drittel des 19. Jahrhunderts begonnen.

Wir müssen uns da klarmachen, daß ebenso wie uns die drei Reiche der äußeren Natur, das mineralische Reich, das pflanzliche Reich, das tierische Reich in der physisch-sinnlichen Welt umgeben, uns in der geistigen Welt die höheren Reiche umgeben, die wir als die Reiche der

Hierarchien ja jetzt schon in den verschiedensten Zusammenhängen bezeichnet haben. Ebenso wie wir, wenn wir heruntersteigen in die Reiche der Natur vom Menschen aus, zu dem tierischen Reiche kommen, so kommen wir, wenn wir hinaufsteigen in das Übersinnliche, zum Reich der Angeloi. Die Angeloi haben die Aufgabe, die einzelnen Menschen zu führen, zu schützen, indem diese Menschen von Erdenleben zu Erdenleben gehen. So daß also die Aufgaben, die der geistigen Welt mit Bezug auf die einzelnen Menschen erwachsen, den Wesen aus dem Reiche der Angeloi obliegen.

Kommen wir dann hinauf in das Reich der Archangeloi, so haben diese Archangeloi die verschiedensten Aufgaben. Aber eine dieser Aufgaben ist diese, die Grundtendenzen der aufeinanderfolgenden Zeitalter mit Bezug auf die Menschen zu lenken und zu leiten. So war durch etwa drei Jahrhunderte hindurch bis in das Ende der siebziger Jahre des vorigen Jahrhunderts dasjenige waltend, was man nennen kann die Herrschaft des Gabriel. Diese Herrschaft des Gabriel äußerte sich ja für den, der nicht an der Oberfläche, wie man es heute gewöhnt ist, sondern in den Tiefen die Entwickelung der Menschheit betrachtet, darin, daß ungeheuer bedeutsame Impulse für das Geschehen in der Menschheit in jene Kräfte verlegt wurden, welche man Vererbungskräfte nennen kann. Niemals waren so bedeutungsvoll die Kräfte der physischen Vererbung, die durch die Generationen hindurch wirken, als in den letzten drei Jahrhunderten vor dem letzten Drittel des 19. Jahrhunderts.

Das drückte sich dadurch aus, daß das Vererbungsproblem geradezu ein drängendes Problem wurde im 19. Jahrhundert, daß die Menschheit empfand, wie seelische, wie geistige Eigenschaften im Menschen abhängig sind von der Vererbung. Man lernte zuletzt noch empfinden, was im 16., 17., 18. Jahrhundert und durch einen großen Teil des 19. Jahrhunderts wie ein Naturgesetz in der Menschheitsentwickelung waltete.

In dieser Zeit brachte man diejenigen Eigenschaften auch in seine geistige Entwickelung hinein, die man von seinen Eltern und Voreltern ererbt hatte. In dieser Zeit wurden insbesondere wichtig alle die Eigenschaften, die mit der physischen Fortpflanzung zusammenhängen. Wiederum ist ein äußeres Zeichen dafür das Interesse, das man den Fortpflanzungsfragen, überhaupt allen sexuellen Fragen am Ende des 19. Jahrhunderts entgegengebracht hat. Die wichtigsten geistigen Impulse kamen in den genannten Jahrhunderten an die Menschheit so heran, daß sie sich durch die physische Vererbung zu verwirklichen suchten.

In vollständigem Gegensatze dazu wird das Zeitalter stehen, in dem Michael die Menschheit lenkt und leitet, das mit dem Ende der siebziger Jahre des vorigen Jahrhunderts begonnen hat, in dem wir drinnenstehen, und das seine Impulse zusammengliedert mit dem, was wir nun auch kennenlernen als das im 20. Jahrhundert beginnende lichte Zeitalter. Diese zwei Impulsströmungen wirken ineinander. Heute wollen wir zunächst auf das hinschauen, was die Eigentümlichkeit eines Michael-Zeitalters ist. Ich sage, *eines* Michael-Zeitalters: denn sehen Sie, mit dieser Lenkung und Leitung, von der ich eben gesprochen habe, steht es so, daß durch etwa drei Jahrhunderte eines der Wesen aus dem Reiche der Archangeloi die geistige Führung der Menschheitsentwickelung auf demjenigen Gebiete hat, wo sich die Zivilisation in hervorragender Weise abspielt.

Wie gesagt, Gabriel hatte die Führung im 16., 17., 18, 19. Jahrhundert. Er wird jetzt abgelöst durch Michael. Es gibt sieben solche Archangeloi, welche die Menschheit führen so, daß sich die einzelnen Führungen durch die Archangeloi zyklisch wiederholen. Indem wir heute im Michael-Zeitalter leben, haben wir alle Veranlassung, uns des letzten Michael-Zeitalters zu erinnern, welches einmal in der Führung der Menschheit da war. Dieses Michael-Zeitalter, das noch der Begründung des Christentums, das noch dem Mysterium von Golgatha vorangegangen ist, schließt etwa ab im Altertum mit den Taten des *Alexander*, mit der Begründung der Philosophie des *Aristoteles*.

Wenn wir alles das verfolgen, was in Griechenland, im Umkreise von Griechenland in vorchristlicher Zeit bis zur Zeit Alexanders des Großen, bis zur Zeit des Aristoteles geschehen ist durch drei Jahrhunderte hindurch, so haben wir auch da ein michaelisches Zeitalter. Ein solches Michael-Zeitalter charakterisiert sich durch die verschiedensten Verhältnisse, insbesondere aber dadurch, daß in einem solchen

Michael-Zeitalter die geistigen Interessen der Menschheit, je nach der besonderen Veranlagung, die ein solches Zeitalter hat, tonangebend werden. Namentlich wird es so sein, daß in einem solchen Zeitalter ein kosmopolitischer, ein internationaler Zug durch die Welt geht. Die nationalen Unterscheidungen hören auf. Gerade im Zeitalter des Gabriel begründeten sich innerhalb der europäischen Zivilisation und ihres amerikanischen Anhanges die nationalen Impulse.

In unserem Michael-Zeitalter werden sie im Laufe von drei Jahrhunderten vollständig überwunden werden. In jedem Michael-Zeitalter ist es so, daß ein allgemeiner Zug durch die Menschheit geht, ein allgemein-menschlicher Zug gegenüber den speziellen Interessen von einzelnen Nationen oder Menschengruppen. In jener Zeit, in der die Michael-Herrschaft auf der Erde war vor dem Mysterium von Golgatha, äußerte sich dieses darin, daß aus den Verhältnissen heraus, die sich in Griechenland gebildet haben, jene gewaltige Tendenz entstand, die zu den Alexanderzügen führte, in denen die griechische Kultur und Zivilisation in einer genialen Weise nach Asien hinein, bis nach Afrika hinüber verbreitet wurde, und zwar durch Völkerschaften, die bis dahin sich zu ganz anderem bekannten. Die ganze ungeheure Tat fand ihren Abschluß in dem, was in Alexandrien begründet worden ist: Ein kosmopolitischer Zug, der das Bestreben hatte, die geistigen Kräfte, die in Griechenland sich gesammelt hatten, der ganzen damals zivilisierten Welt zu geben.

Solches geschieht unter dem Impuls des Michael und geschah auch damals unter dem Impuls des Michael. Und diejenigen Wesen, die beteiligt waren an diesen irdischen Taten, die im Dienste des Michael geschahen, sie waren ja während der Zeit des Mysteriums von Golgatha nicht auf der Erde. Alle diejenigen Wesen, die in den Bereich des Michael gehörten, gleichgültig ob es Menschenseelen waren, die nunmehr nach dem Ablauf des Michael-Zeitalters durch den Tod in die geistige Welt entrückt wurden, ob es also entkörperte Menschenseelen waren oder solche, die niemals auf der Erde sich verkörperten, sie alle waren verbunden miteinander in gemeinsamem Leben in der übersinnlichen Welt in der Zeit, in welcher auf Erden sich das Mysterium von Golgatha abspielte.

Man muß sich nur auch für das Gemüt recht gegenwärtig machen, was da eigentlich vorliegt. Wenn man den Aspekt von der Erde aus wählt, dann sagt man sich: Die Erdenmenschheit ist da an einem bestimmten Punkte der Erdenentwickelung angekommen. Der hohe Sonnengeist Christus kommt auf der Erde an, verkörpert sich in dem Menschen Jesus von Nazareth. Die Erdenbewohner haben das Erlebnis, daß Christus, der hohe Sonnengeist, bei ihnen ankommt. Sie wissen nicht viel, was sie veranlassen könnte, dieses Ereignis in der entsprechenden Weise zu schätzen.

Um so mehr wissen die entkörperten Seelen, die um Michael sind, und die im Umkreise, im Bereich des Sonnendaseins leben in überirdischen Welten, zu schätzen, was für sie von dem anderen Aspekte aus geschah. Sie erlebten das, was damals für die Welt geschah, von der Sonne aus. Und sie erlebten, wie der Christus, der bis dahin innerhalb des Sonnenbereiches gewirkt hatte, so daß er von den Mysterien aus nur zu erreichen war, wenn man sich in den Sonnenbereich erhob, Abschied nahm von der Sonne, um sich mit der Erdenmenschheit auf Erden zu vereinigen.

Das war aus dem Grunde ein gewaltiges, ungeheures Ereignis gerade für diejenigen Wesen, die zur Michaels-Gemeinschaft gehören, weil diese Michaels-Gemeinschaft mit alledem, was von der Sonne ausgehendes kosmisches Schicksal ist, ihren besonderen Zusammenhang hat. Abschied nehmen mußten sie von dem Christus, der bis dahin seinen Platz in der Sonne hatte, der von da ab auf der Erde seinen Platz einnehmen sollte. Das ist der andere Aspekt.

Gleichzeitig mit diesem war aber etwas anderes verbunden. Man kann das nur in der richtigen Weise einschätzen, wenn man das Folgende beachtet. So nachdenken, so in Gedanken leben, die aus dem Inneren herausstoßen, konnten die Menschen der alten Zeitalter nicht. Sie waren unter Umständen weise, unendlich viel weiser als die neuere Menschheit, aber sie waren nicht in dem Sinne dessen gescheit, was man heute gescheit nennt. Heute nennt man einen Menschen gescheit, der Gedanken aus sich selber produzieren kann, der logisch denken kann, der einen Gedanken mit dem anderen in Zusammenhang bringen kann und so weiter. Das gab es damals nicht. Selbständig erzeugte

Gedanken gab es nicht in alten Zeiten. Die Gedanken wurden mit den Offenbarungen, die einem aus der geistigen Welt kamen, zu gleicher Zeit auf die Erde heruntergeschickt. Man dachte nicht nach, sondern man empfing den geistigen Inhalt durch Offenbarung, aber man empfing ihn so, daß die Gedanken dabei waren. Heute denkt man über die Dinge nach; dazumal brachten die seelischen Eindrücke die Gedanken mit. Die Gedanken waren inspirierte Gedanken, nicht selbstgedachte Gedanken. Und derjenige, der die kosmische Intelligenz, die in dieser Weise sich mit den geistigen Offenbarungen zur Menschheit begab, ordnete, der im besonderen über diese kosmische Intelligenz sozusagen die Herrschaft hatte, das ist eben diejenige geistige Wesenheit, die wir, wenn wir uns der christlichen Terminologie bedienen, als den Erzengel Michael bezeichnen. Er hatte im Kosmos die Verwaltung der kosmischen Intelligenz.

Man muß sich nur klarmachen, was das heißt. Denn wenn auch in etwas anderem Ideenzusammenhange, so hatte doch ein Mensch wie zum Beispiel Alexander der Große durchaus ein deutliches Bewußtsein davon, daß ihm seine Gedanken auf dem Michaels-Wege kamen. Gewiß, die entsprechende geistige Wesenheit hieß anders. Wir bedienen uns hier der christlichen Terminologie, aber die Terminologie macht es ja nicht aus. Als nichts anderes sah sich ein solcher Mensch wie Alexander der Große an denn als einen Missionar des Michael, als ein Werkzeug des Michael. Er konnte gar nicht anders denken als: Michael handelt eigentlich auf der Erde, und ich bin derjenige, durch den er handelt. So war die Auffassung. Das gab ja auch die Kraft des Willens zu den Taten. Und ein Denker in der damaligen Zeit dachte auch nicht anders, als: Michael wirkt in ihm und gibt ihm die Gedanken.

Verbunden war mit diesem Herabsteigen des Christus auf die Erde dieses, daß nun Michael mit den Seinen nicht nur diesen Abschied des Christus von der Sonne sah, sondern er sah vor allen Dingen, wie ihm, dem Michael, die Herrschaft über die kosmische Intelligenz allmählich entfällt. Man sah ganz deutlich dazumal von der Sonne aus, daß nicht mehr aus der geistigen Welt die Dinge an den Menschen herankommen werden mit dem intelligenten Inhalte, sondern daß der

Mensch selber zu seiner Intelligenz auf der Erde einmal gelangen müsse. Es war ein einschneidendes, ein bedeutsames Ereignis, gewissermaßen hinunterströmen zu sehen auf die Erde die Intelligenz. Sie ward nach und nach nicht mehr – wenn ich mich des Ausdruckes bedienen darf – in den Himmeln gefunden, sie ward auf die Erde hinuntergelassen.

Und in den ersten christlichen Jahrhunderten erfüllte sich das besonders. Wir sehen, wie noch die Menschen, die solches vermochten, in den ersten christlichen Jahrhunderten wenigstens manche Einblicke hatten in dasjenige, was mit dem Inhalt der Intelligenz ihnen zuströmte aus den überirdischen Offenbarungen. Das dauerte noch so bis in das 8., 9. nachchristliche Jahrhundert. Dann kam die große Entscheidung. Dann kam die Entscheidung so, daß sich ja Michael und die Seinigen, gleichgültig ob sie nun verkörpert oder entkörpert waren, sagen mußten: Die Menschen auf der Erde beginnen intelligent zu werden, den eigenen Verstand aus sich herauszubringen; aber die kosmische Intelligenz kann nicht mehr von Michael verwaltet werden. Michael spürte, wie ihm die Herrschaft über die kosmische Intelligenz entschwand. Und unten, wenn man auf die Erde hinsah, da sah man, wie vom 8., 9. Jahrhundert ab dieses intelligente Zeitalter begann und die Menschen anfingen, die eigenen Gedanken sich zu bilden.

Nun habe ich Ihnen dargestellt, wie in einzelnen besonderen Schulen, zum Beispiel in der großen Schule von Chartres, die Traditionen fortgepflanzt worden waren von demjenigen, was einstmals, in kosmische Intelligenz getaucht, den Menschen sich offenbarte. Ich habe Ihnen dargestellt, was alles in dieser Schule von Chartres, insbesondere im 12. Jahrhundert, geleistet worden ist, und ich versuchte auch darzustellen, wie dann übergegangen ist namentlich an einzelne Mitglieder des Dominikanerordens geradezu die Verwaltung der Intelligenz auf Erden. Man schaue sich nur einmal an die Werke, die aus der christlichen Scholastik erwachsen sind, aus jener wunderbaren Geistesströmung, die sowohl von ihren Anhängern wie von ihren Gegnern heute ganz verkannt wird, weil sie nicht nach ihrer Hauptsache angesehen wird. Man sehe sich an, wie da gerungen wird, zu erkennen, was Begriffe eigentlich bedeuten, was der intelligente Inhalt für die Menschheit und für die Dinge der Welt eigentlich bedeutet. Der große

Streit zwischen Nominalismus und Realismus entwickelt sich namentlich innerhalb des Dominikanerordens. Die einen sehen in den allgemeinen Begriffen nur Namen, die anderen sehen in den allgemeinen Begriffen geistige Inhalte, die sich in den Dingen offenbaren.

Die ganze Scholastik ist ein Ringen der Menschen nach Klarheit über die hereinströmende Intelligenz. Kein Wunder, daß das Hauptinteresse derer, die um Michael waren, sich gerade dem zuwendete, was da als Scholastik auf Erden sich entfaltete. Man sieht in dem, was *Thomas von Aquino* und seine Schüler, was andere Scholastiker geltend machen, die irdische Ausprägung dessen, was dazumal Michael-Strömung war. Michael-Strömung: Verwaltung der Intelligenz, der lichtvollen, der spirituellen Intelligenz.

Jetzt war sie auf der Erde, diese Intelligenz. Jetzt mußte man über ihren Sinn in Klarheit kommen. Von der geistigen Welt aus gesehen, konnte man unten schauen auf der Erde, wie dasjenige, was in den Bereich des Michael gehört, sich nun unten, außer der Herrschaft des Michael, gerade bei der beginnenden Herrschaft des Gabriel entfaltete. Initiationsweisheit, Rosenkreuzerweisheit, wie sie sich dann ausbreitete, bestand ja darinnen, daß man einige Klarheit hatte über diese Verhältnisse. Gerade in dieser Zeit ist es bedeutsam, hinzuschauen auf die Art und Weise, wie das Irdische zusammenhängt mit dem Übersinnlichen. Denn das Irdische nimmt sich so aus, als ob es gewissermaßen losgerissen wäre von dem Übersinnlichen – aber es hängt zusammen! Und Sie können ja sehen aus dem, was ich in den letzten Stunden dargestellt habe, wie es zusammenhängt. Dasjenige, was übersinnliche Tatsachen sind, kann ich nun nur in Bildern, in Imaginationen zusammenfassen. Das kann man nicht durch abstrakte Begriffe darstellen, da muß man bildhaft schildern. Deshalb muß ich schildern, was sich nun im Beginne desjenigen Zeitalters, in dem sich die Bewußtseinsseele und damit die Intelligenz in die Menschheit eingliederte, zutrug.

Es waren schon einige Jahrhunderte her, seit Michael auf der Erde hatte ankommen sehen im 9. nachchristlichen Jahrhundert dasjenige, was früher kosmische Intelligenz war. Und er sah es fortströmen auf der Erde, fortströmen jetzt namentlich in der Scholastik. Das war unten. Er aber sammelte diejenigen, die in seinen Bereich gehören im

Sonnengebiete, er sammelte sie, ob sie nun Menschenseelen waren, die gerade in dem Leben zwischen dem Tode und einer neuen Geburt waren, er sammelte auch diejenigen, die zu seinem Bereiche gehören und die niemals in menschlichen Leibern ihre Entwickelung finden, die aber einen gewissen Zusammenhang mit der Menschheit haben. Sie können sich denken, daß insbesondere diejenigen Menschenseelen da waren, welche ich Ihnen angeführt habe als die großen Lehrer von Chartres. Einer der bedeutendsten, die damals unter den Scharen des Michael im beginnenden 15. Jahrhundert in übersinnlichen Welten ihre Taten zu verrichten hatten, war ja *Alanus ab Insulis*. Aber auch alle anderen, die ich Ihnen genannt habe als der Schule von Chartres angehörig, sie waren vereinigt mit denen, die nun auch schon wieder in dem Leben zwischen dem Tod und einer neuen Geburt angekommen waren, die aus dem Dominikanerorden entstammten; Seelen, die der platonischen Strömung angehörten, waren da innig vereinigt mit denjenigen Seelen, die der aristotelischen Strömung angehörten. Alles das hatten diese Seelen durchgemacht, was gerade Michael-Impulse sind. Viele dieser Seelen lebten so, daß sie das Mysterium von Golgatha nicht vom Erdenaspekt aus, sondern vom Aspekt der Sonne aus mitgemacht hatten. Sie waren dazumal im Beginne des 15. Jahrhunderts in der übersinnlichen Welt gerade in bedeutsamen Lagen.

Da entstand unter der Führung des Michael etwas – wir müssen ja irdische Ausdrücke gebrauchen –, was man nennen könnte eine übersinnliche Schule. Was einstmals Michael-Mysterium war, dasjenige, was in den alten Michael-Mysterien verkündet worden war den Eingeweihten, was jetzt anders werden mußte, weil die Intelligenz vom Kosmos ihren Weg auf die Erde gefunden hatte, das faßte in ungeheuer bedeutsamen Zügen Michael selber für diejenigen zusammen, die er jetzt sammelte in dieser übersinnlichen Michael-Schule im Beginne des 15. Jahrhunderts. Da wurde alles das wieder lebendig in übersinnlichen Welten, was einstmals in den Sonnenmysterien als Michael-Weisheit gelebt hat. Da wurde dann in einer grandiosen Weise zusammengefaßt, was in aristotelischer Fortsetzung Platonismus war und durch Alexander den Großen hinübergebracht war nach Asien, hinuntergebracht war nach Ägypten. Es wurde auseinandergesetzt, wie da drinnen noch die alte Spiritualität lebte. Da nahmen alle die Seelen, die immer mit jener Strömung verbunden waren, von der ich jetzt schon durch einzelne Stunden spreche, jene Seelen, die eben prädestiniert sind, der anthroposophischen Bewegung anzugehören, ihr Karma für die anthroposophische Bewegung zu gestalten, an jener übersinnlichen Lehrschule teil. Denn alles, was da gelehrt wurde, wurde unter dem Gesichtspunkte gelehrt, daß nun auf andere Art in der Menschheitsentwickelung unten, durch Eigenintelligenz der menschlichen Seele, das Michaelsmäßige ausgebildet werden müsse.

Hingewiesen wurde darauf, wie am Ende des 19. Jahrhunderts, im letzten Drittel des 19. Jahrhunderts, Michael selber auf der Erde seine Herrschaft wieder antreten werde, wie ein neues Michael-Zeitalter, nachdem die sechs anderen Archangeloi in der Zwischenzeit, seit der Alexanderzeit, ihre verschiedenen Herrschaften ausgeübt hatten, beginnen werde, aber ein Michael-Zeitalter, das anders werden müsse wie die anderen. Denn diese anderen Michael-Zeitalter waren eben so, daß da die kosmische Intelligenz immer sich in dem Allgemein-Menschlichen ausgelebt hat. Jetzt aber – das sagte dazumal Michael im Übersinnlichen zu seinen Schülern – wird es sich im Michael-Zeitalter um etwas ganz anderes handeln. Dasjenige, was Michael durch Äonen verwaltet hat für die Menschen, was er ins irdische Dasein inspirierte, das ist ihm entsunken. Er wird es wiederfinden, wenn er Ende der siebziger Jahre des 19. Jahrhunderts seine Erdenherrschaft antreten wird. Er wird es wiederfinden, indem eine zunächst von der Spiritualität entblößte Intelligenz unter den Menschen unten Platz gegriffen haben wird; aber er wird es wiederfinden in einem besonderen Zustande; er wird es wiederfinden so, daß es ausgesetzt ist im stärksten Maße den ahrimanischen Kräften. Denn in derselben Zeit, in der die Intelligenz vom Kosmos auf die Erde sank, wuchs immer mehr und mehr die Aspiration der ahrimanischen Mächte, diese kosmische Intelligenz, indem sie irdisch wurde, dem Michael zu entreißen, sie auf der Erde allein, Michael-frei, geltend zu machen.

Das war die große Krisis vom Beginne des 15. Jahrhunderts bis heute, die Krisis, in der wir noch drinnenstehen, die Krisis, die sich ausdrückt als der Kampf Ahrimans gegen Michael: Ahriman, der alles aufwendet, um streitig zu machen dem Michael die Herrschaft über die Intelligenz, die jetzt irdisch geworden war – Michael, der sich bemüht, mit allen Impulsen, die er hat, nun, nachdem ihm die Herrschaft über die Intelligenz entfallen war, sie wiederum beim Beginne seiner irdischen Herrschaft vom Jahre 1879 an auf der Erde zu ergreifen. In dieser Entscheidung stand ja die Entwickelung der Menschheit im letzten Drittel des 19. Jahrhunderts. Da war irdisch geworden die frühere kosmische Intelligenz, da war Ahriman, der diese Intelligenz ganz irdisch machen wollte, so daß sie fortlaufend wird in der Art, wie sie in dem Gabrielischen Zeitalter eingeleitet worden war. Ganz irdisch werden sollte diese Intelligenz, nur eine Angelegenheit der menschlichen Blutsgemeinschaft sollte sie sein, eine Angelegenheit der Generationenfolge, eine Angelegenheit der Fortpflanzungskräfte. Das alles wollte Ahriman.

Michael stieg herunter auf die Erde. Er konnte dasjenige, was nun einmal seinen Gang in der Zwischenzeit hat machen müssen, damit die Menschen zur Intelligenz und zur Freiheit kommen, nur auf der Erde wiederfinden, so daß er es jetzt auf der Erde ergreifen muß, so daß er innerhalb der Erde wiederum Herrscher wird über die Intelligenz, die aber jetzt innerhalb der Menschheit wirkt. Ahriman gegenüber Michael, Michael in die Notwendigkeit versetzt, gegen Ahriman zu verteidigen, was er durch Äonen hindurch zugunsten der Menschheit verwaltete – in diesem Kampfe steht die Menschheit drinnen. Anthroposoph sein, heißt unter manchem anderen: diesen Kampf wenigstens bis zu einem gewissen Grade zu verstehen. Und überall zeigt er sich. Seine eigentliche Gestalt steht hinter den Kulissen des geschichtlichen Werdens, aber überall zeigt er sich in den Tatsachen, die im Offenbaren liegen.

Meine lieben Freunde, diejenigen Seelen, die dazumal in der übersinnlichen Schule des Michael waren, sie nahmen teil an den Lehren, die ich Ihnen eben flüchtig skizziert habe, die bestanden in der Wiederholung dessen, was in den Sonnenmysterien seit alten Zeiten gelehrt worden war, die bestanden in der prophetischen Vorausnahme dessen, was zu geschehen hat, wenn das neue Michael-Zeitalter beginnt, die bestanden in den hinreißenden Ermahnungen, daß diejenigen, die um

Michael sind, sich hineinstürzen mögen in die Michael-Strömung, die Impulse aufgreifen mögen, damit die Intelligenz wiederum mit der Michael-Wesenheit vereinigt werde.

Während diese wunderbaren, diese grandiosen Lehren in jener übersinnlichen Schule, dirigiert von Michael selber, an die entsprechenden Seelen gingen, nahmen diese Seelen teil an einem gewaltigen Ereignis, das sich nur nach langen Zeiträumen innerhalb der Entwickelung unseres Kosmos zeigt. Es ist, wie ich schon einmal angedeutet habe, so, daß wir von der Erde aus hinaufweisen in die übersinnliche Welt, wenn wir vom Göttlichen sprechen. Sind wir aber in dem Leben zwischen dem Tode und neuer Geburt, so weisen wir eigentlich hinunter auf die Erde – aber nicht auf die physische Erde; es zeigt sich da Gewaltiges, Grandioses, Göttlich-Geistiges. Und gerade in diesem Beginne des 15. Jahrhunderts, als diese Schule ihren Anfang machte, von der ich sprach, wo zahlreiche Seelen im Bereich des Michael an dieser Schule teilnahmen, da konnte man zu gleicher Zeit etwas sehen, was, wie gesagt, nur nach langen, langen Zeiträumen sich wiederholt im kosmischen Werden: Man sah gewissermaßen beim Hinunterblicken auf die Erde, wie Seraphim, Cherubim und Throne, also die Angehörigen der höchsten, der ersten Hierarchie, eine gewaltige Tat vollbringen.

Es war im ersten Drittel des 15. Jahrhunderts, es war in der Zeit, als hinter den Kulissen der neuzeitlichen Entwickelung die Rosenkreuzerschule begründet worden ist. Schaut man sonst von dem Leben, das man hat zwischen Tod und neuer Geburt, hinunter auf das Irdische, sieht man gleichmäßig vor sich gehende Taten der Seraphim, Cherubim und Throne. Man sieht, wie die Seraphim, Cherubim und Throne das Geistige aus dem Bereich der Exusiai, Dynamis und Kyriotetes hinuntertragen ins Physische, durch ihre Macht das Geistige dem Physischen einpflanzen. Von diesem, was man so gewöhnlich im Fortgange des Werdens schaut, zeigt sich nach großen Zeiträumen immer etwas grandios Abweichendes: Es war zuletzt in der atlantischen Zeit, daß sich so etwas auch vom Aspekte des Übersinnlichen aus gezeigt hatte. Was da in der Menschheit geschieht, das zeigt sich, indem man jetzt, von der geistigen Welt aus, die Erde in ihren Gebieten durchzuckt sieht von Blitzen, indem man mächtig rollende Donner hört. Es war sozusagen eines jener Weltengewitter – für die Menschen der Erde ganz wie im Schlafe ablaufend, für die Geister, die um Michael waren, mächtig sich zeigend.

Hinter dem, was sich im Beginne des 15. Jahrhunderts geschichtlich abspielte in den menschlichen Seelen, steht eben Gewaltiges. Dieses Gewaltige zeigte sich gerade, während die Michael-Schüler ihre Lehren im Übersinnlichen empfingen. Zuletzt geschah während der atlantischen Zeit, als die kosmische Intelligenz noch kosmisch geblieben war, aber von den menschlichen Herzen Besitz ergriffen hatte, auch so etwas, das für das jetzige Gebiet, das irdische Gebiet, sich nun in geistigen Blitzen und Donnern wiederum entlud. Ja, es war schon so. In dem Zeitalter, das nun die irdischen Erschütterungen erlebte, in welchem die Rosenkreuzer sich ausbreiteten, in welchem allerlei merkwürdige Dinge geschahen, die Sie ja in der Geschichte verfolgen könnten, in diesem Zeitalter zeigte sich die Erde für die Geister im Übersinnlichen umtobt von gewaltigen Blitzen und Donnern. Das war, daß die Seraphim, Cherubim und Throne die kosmische Intelligenz überleiteten in dasjenige Glied der menschlichen Organisation, das die Nerven-Sinnesorganisation ist, die Kopforganisation.

Es war wieder ein Ereignis geschehen, welches sich heute noch nicht deutlich zeigt, erst im Laufe von Jahrhunderten und Jahrtausenden sich zeigen wird, und darin besteht, daß der Mensch vollständig umgestaltet wird. Der Mensch war vorher ein Herzensmensch. Der Mensch ist nachher ein Kopfmensch geworden. Die Intelligenz wird seine Eigenintelligenz. Das ist, vom Übersinnlichen aus gesehen, etwas ungeheuer Bedeutsames. Alles das wird da gesehen, was an Macht und Kraft im Bereich der ersten Hierarchie liegt, im Bereich der Seraphim und Cherubim, die dadurch ihre Macht und Kraft äußern und offenbaren, daß sie das Geistige nicht nur im Geistigen verwalten, wie die Dynamis, die Exusiai, die Kyriotetes, sondern das Geistige hineintragen in das Physische, das Geistige zum Schöpferischen des Physischen machen. Diese Seraphim, Cherubim und Throne, sie hatten Taten zu vollbringen, die, wie gesagt, nach Äonen nur sich wiederholen. Und man möchte sagen: was von Michael den Seinigen in der damaligen Zeit gelehrt worden ist, das wurde unter Blitzen und Donnern da unten in den irdischen Welten verkündet. Verstanden sollte das werden, denn diese Blitze und Donner, meine lieben Freunde, sollten Begeisterung werden in den Herzen, in den Gemütern der Anthroposophen! Und derjenige, der wirklich den Drang zur Anthroposophie hat, der hat – heute noch unbewußt, die Menschen wissen noch nichts davon, sie werden es schon kennenlernen –, der hat heute die Nachwirkungen in seiner Seele davon, daß er damals im Umkreis des Michael jene himmlische Anthroposophie aufnahm, die der irdischen voranging. Denn die Lehren, die Michael gab, waren solche, die damals vorbereiteten, was auf Erden Anthroposophie werden soll.

Und so haben wir eine doppelte übersinnliche Vorbereitung zu dem, was auf Erden Anthroposophie werden soll: Jene Vorbereitung in der großen übersinnlichen Lehrschule vom 15. Jahrhundert ab; dann dasjenige, was ich Ihnen geschildert habe, was im Übersinnlichen als ein imaginativer Kultus sich abbildete Ende des 18., im Beginne des 19. Jahrhunderts, wo in mächtigen imaginativen Bildern ausgestaltet wurde, was die Michael-Schüler damals in der übersinnlichen Lehrschule gelernt hatten. So wurden die Seelen vorbereitet, die dann herunterstiegen in die physische Welt, und die aus allen diesen Vorbereitungen den Drang erhalten sollten, hinzugehen zu dem, was dann als Anthroposophie auf Erden wirken soll.

Denken Sie nur, an alledem nahmen ja teil die großen Lehrer von Chartres. Sie sind, wie Sie aus meiner Darstellung der letzten Zeit wissen, noch nicht wieder herabgestiegen. Sie haben diejenigen Seelen vorausgeschickt, die dann vorzugsweise im Dominikanerorden gewirkt haben, nachdem sie zuerst eine Art Konferenz mit ihnen abgehalten haben um die Wende des 12. und 13. Jahrhunderts.

Dann sind ja alle diese Seelen wieder zusammengekommen: diejenigen, die in Chartres uralte Lehren verkündet hatten mit Feuermund, und diejenigen, die gerungen haben in der kältesten, aber herzergebenen Arbeit um das Erringen des Sinnes der Intelligenz in der Scholastik. Sie gehörten alle zu den Scharen des Michael, die in der angedeuteten Lehrschule lernten. Und die anderen waren Seelen, wie ich sie Ihnen charakterisiert habe in den zwei Gruppen, die ich dargestellt habe.

Wir haben diese Lehrschule des Michael. Wir haben den imaginativen Kultus, dessen Wirkungen ich Ihnen auch angedeutet habe, im Beginne des 19. Jahrhunderts. Wir haben das Bedeutsame, daß mit dem Ende der siebziger Jahre die Herrschaft des Michael wieder beginnt, daß Michael sich anschickt, wiederum in Empfang zu nehmen unten auf der Erde die Intelligenz, die ihm in der Zwischenzeit entsunken ist. Diese Intelligenz muß michaelisch werden. Und verstehen muß man den Sinn des neuen Michael-Zeitalters. Diejenigen, die heute mit dem Drang zu solcher Spiritualität kommen, welche schon die Intelligenz in sich enthält, wie das in der anthroposophischen Bewegung der Fall ist, sie sind heute gewissermaßen Seelen, die eben nach ihrem Karma im heutigen Zeitalter da sind, die dasjenige auf der Erde zu beachten haben, was im beginnenden Michael-Zeitalter auf der Erde geschieht. Und sie hängen zusammen mit all denen, die noch nicht wieder herunter gekommen sind; sie hängen vor allen Dingen zusammen mit denjenigen, die aus der platonischen Strömung unter Führung des Bernardus Silvestris, des Alanus ab Insulis und der anderen noch droben geblieben sind im übersinnlichen Dasein.

Aber diejenigen, die heute mit wahrer innerer Herzenshingabe Anthroposophie aufnehmen können, die sich mit Anthroposophie verbinden können, sie haben den Impuls in sich, aus dem, was sie erlebt haben im Übersinnlichen im Beginne des 15. und im Beginne des 19. Jahrhunderts, zusammen mit allen den anderen, die seither nicht wieder heruntergekommen waren, mit dem Ende des 20. Jahrhunderts auf der Erde zu erscheinen. Bis dahin wird vorbereitet sein durch anthroposophische Spiritualität dasjenige, was dann aus der Gemeinsamkeit heraus verwirklicht werden soll als die völlige Offenbarung dessen, was übersinnlich durch die genannten Strömungen vorbereitet worden ist.

Meine lieben Freunde, der Anthroposoph sollte das in sein Bewußtsein aufnehmen, sollte sich klar sein darüber, wie er berufen ist, schon jetzt vorzubereiten, was immer mehr und mehr als Spiritualität sich ausbreiten soll, bis die Kulmination kommen wird, wo die wahren Anthroposophen wieder dabei sein werden, aber vereinigt mit den anderen, am Ende des 20. Jahrhunderts. Bewußtsein soll der wahre

Anthroposoph haben, daß es sich heute darum handelt, teilnehmend hineinzuschauen und mitzuarbeiten an dem Kampf zwischen Ahriman und Michael. Nur dadurch, daß eine solche Spiritualität, wie sie durch die anthroposophische Bewegung fließen will, sich vereinigt mit anderen Geistesströmungen, wird Michael diejenigen Impulse finden, die ihn mit der irdisch gewordenen Intelligenz, die eigentlich ihm gehört, wieder vereinigen werden.

Es wird nun noch meine Aufgabe sein, Ihnen zu zeigen, mit welch raffinierten Mitteln Ahriman das verhindern will, in welchem scharfen Kampfe dieses 20. Jahrhundert steht. Des Ernstes der Zeiten, des Mutes, der notwendig ist, um in richtiger Art in spirituelle Strömungen sich einzugliedern, kann man sich aus all diesen Dingen heraus bewußt werden. Aber indem man diese Dinge in sich aufnimmt, indem man sich sagt: Du Menschenseele, du kannst dazu berufen werden, wenn du verstehst, mitzuwirken an der Sicherung der Michael-Herrschaft – kann zu gleicher Zeit das entstehen, was man nennen möchte einen hingebenden inneren Jubel der menschlichen Seele, so kraftvoll sein zu dürfen. Aber die Stimmung zu dieser mutvollen Kraft, zu diesem kräftigen Mut muß man finden. Denn geschrieben steht über uns mit übersinnlichen Lettern: Werdet euch bewußt, daß ihr ja wiederkommen werdet vor dem Ende des 20. Jahrhunderts und am Ende dieses 20. Jahrhunderts, das ihr aber vorbereitet habt! Werdet euch bewußt, wie das dann sich ausgestalten kann, was ihr vorbereitet habt!

Sich zu wissen in diesem Kampfe, sich zu wissen in dieser Entscheidung zwischen Michael und Ahriman, das ist etwas, was zu dem gehört, meine lieben Freunde, das man anthroposophischen Enthusiasmus, anthroposophische Begeisterung nennen kann.

ACHTER VORTRAG

Dornach, 1. August 1924

Es wird sich nunmehr darum handeln, darzustellen, wie der einzelne Anthroposoph sich in seinem Karma erlebt eben einfach dadurch, daß er aus den Vorbedingungen heraus, von denen ja gesprochen worden ist, in die Anthroposophische Gesellschaft oder wenigstens in die anthroposophische Bewegung nun sich hineingestellt hat. Dazu wird noch notwendig sein, daß ich einiges heute erläuternd zu dem hinzufüge, was ich am letzten Montag hier auseinandergesetzt habe. Ich habe hingewiesen auf die bedeutungsvolle übersinnliche Lehrschule im Beginne des 15. Jahrhunderts, die so charakterisiert werden darf, daß man sagt: In ihr war Michael selber der große Lehrer. Und Scharen von Menschenseelen, welche dazumal zwischen dem Tod und einer neuen Geburt standen, aber auch Scharen von solchen geistigen Wesenheiten, die nicht dazu bestimmt sind, in eine Erdeninkarnation überzugehen, sondern die in einem ätherischen oder sonstigen höheren Dasein die Äonen, in denen wir leben, zubringen, sie alle, diese Wesenheiten, also menschliche, übermenschliche, untermenschliche Wesenheiten, sie gehörten sozusagen dazumal zur umfassenden Schülerschaft der Michaelischen Macht. Und ich habe Ihnen ja auch schon am letzten Montag einiges von dem charakterisiert, was dazumal der Inhalt der betreffenden Lehre war.

Heute wollen wir einmal den einen Punkt zunächst herausheben: die Michaelische Herrschaft, die die vorletzte, also eigentlich gegenüber der gegenwärtigen die letzte war, die durch drei Jahrhunderte gedauert hat und im Alexanderzeitalter in der vorchristlichen Zeit ihr Ende gefunden hat, diese Michaelische Herrschaft, sie zog sich dann zurück; andere Erzengelherrschaften kamen über die Erde. Die Michael-Gemeinschaft war zur Zeit, als auf Erden das Mysterium von Golgatha stattfand, vereint eben mit den geistigen und menschlich-geistigen Wesenheiten, die zu ihnen gehörten. Sie empfanden das Mysterium von Golgatha so, daß der Christus dazumal ihren Bereich, den Sonnenbereich, verließ, währenddem die damals auf der Erde lebenden Menschen das Mysterium von Golgatha so empfinden mußten, daß der Christus zu ihnen auf die Erde kam.

Das ist ein gewaltiger, ich möchte sagen, ins Riesengroße sich erstreckender Gegensatz im Erleben der einen und der anderen Art von Seelen, und wir müssen uns recht herzlich in diesen Gegensatz vertiefen.

Dann fing die Zeit an, in der allmählich die kosmische Intelligenz, also das intelligente Wesen, welches ausgebreitet ist über die ganze Welt, welches in der unbeschränkten Verwaltung des Michael stand bis zum Ende der Alexanderzeit, allmählich in den Besitz der Menschen auf Erden überging, Michael sozusagen entfiel.

Sehen Sie, meine lieben Freunde, die Entwickelung der Menschheit ging ja in bezug auf diese Dinge in der folgenden Art vonstatten. Bis zum Ende der Alexanderzeit, ja bis in die Nach-Alexanderzeit, und für einzelne Menschengruppen noch lange darüber hinaus, war immer das Bewußtsein vorhanden, daß, wenn einer intelligent war, er nicht selber in sich diese Intelligenz entwickelte, sondern daß sie ihm geschenkt wurde aus den geistigen Welten. Wenn man etwas dachte, das gescheit war, so schrieb man die Tatsache, daß es gescheit war, der Inspiration der geistigen Wesenheiten zu. Das ist eben neueren Datums, daß man sich die Gescheitheit, das Intelligentsein selber zuschreibt. Und das ist deshalb, weil die Verwaltung der Intelligenz aus der Hand des Michael in die Hände der Menschen übergegangen ist.

Michael fand, als er Ende der siebziger Jahre des 19. Jahrhunderts wiederum seine Regentschaft in der Führung der Erdengeschicke antrat, Michael fand die ihm seit dem 8. oder 9. nachchristlichen Jahrhundert vollständig entfallene kosmische Intelligenz im Bereiche der Menschen unten.

So war es schon im letzten Drittel des 19. Jahrhunderts, als die Michael-Herrschaft sich wiederum ausbreitete nach der Gabriel-Herrschaft. Da kam Michael sozusagen, indem er zu den intelligenten Menschen kam, zu dem, wovon er sagen konnte: Da finde ich wieder, was mir entsunken ist, was ich früher verwaltet habe. Und es bestand ja der große Streit im Mittelalter zwischen den führenden Persönlichkeiten des Dominikanerordens und denjenigen, die sich in der Fortsetzung des asiatischen Alexandrinismus nach Spanien hinübergezogen hatten, wie in *Averroes* und den Seinigen, eigentlich darinnen, daß Averroes und die Seinigen, also die mohammedanischen Nach-Aristoteliker, sagten: Intelligenz ist etwas Allgemeines. Sie sprachen nur von einer Pan-Intelligenz, nicht von einer einzelnen menschlichen Intelligenz. Es war das, was einzelne menschliche Intelligenz ist, für Averroes nur eine Art Spiegelung im einzelnen Menschenkopfe von dem, was aber in Realität nur allgemein vorhanden ist.

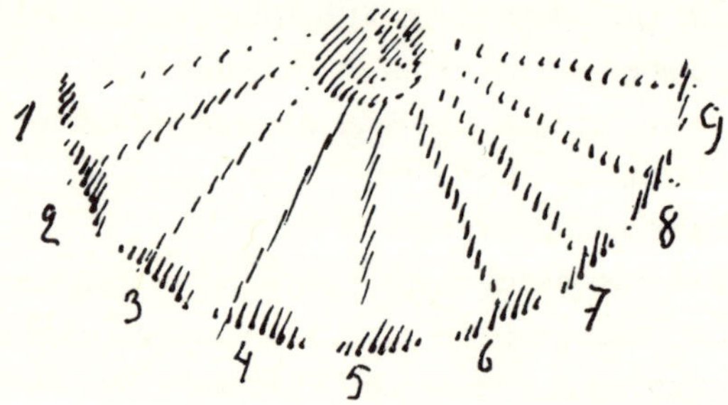

Denken Sie sich einmal, jemand hat einen Spiegel, der so ist (siehe Zeichnung), und ich könnte statt dieser neun Teile des Spiegels auch hundert und tausend und Millionen Teile herzeichnen natürlich. Hier wäre ein Gegenstand, der sich spiegelt. So war es für Averroes, der von *Thomas von Aquino* ganz lebhaft bekämpft wurde: Der Verstand, die Intelligenz war für ihn in der Tradition an die alte Michaelzeit eine Pan-Intelligenz, eine Intelligenz, die nur *eine* war; die einzelnen menschlichen Köpfe spiegelten das, so daß, wenn der menschliche Kopf nicht mehr wirkte, es keine individuelle Intelligenz gab. Was war denn also tatsächlich eigentlich der Fall?

Ja, sehen Sie, das, was Averroes sich vorstellte, das war richtig bis zum Ende der Alexanderzeit, das war einfach eine kosmisch-menschliche Tatsache bis zum Ende der Alexanderzeit; er hat es festgehalten. Die Dominikaner haben die Evolution der Menschheit aufgenommen, sie haben gesagt: So ist es nicht! – Sie hätten natürlich auch sagen können: Es war einmal so, doch es ist heute nicht mehr so! – Aber das haben sie nicht getan; sie nahmen nur den Tatbestand, der eben im 13.

Jahrhundert war, der dann besonders stark kam im 14., 15. Jahrhundert. Sie sagten: Jetzt hat jeder seinen eigenen Verstand. – Das war eben dasjenige, was da eintrat.

Und das zur völligen Klarheit zu bringen, das war die Aufgabe jener übersinnlichen Schule, von der ich am letzten Montag gesprochen habe. Das wurde in allen Metamorphosen in dieser übersinnlichen Schule immer wieder und wiederum betont, indem immer wieder und wiederum der Grundcharakter der alten Mysterien geschildert wurde. In einer großartigen anschaulichen Weise in übersinnlichen, nicht Imaginationen, die kamen erst im Beginne des 19. Jahrhunderts, aber in übersinnlichen Inspirationen wurde geschildert dasjenige, wovon ich in der Lage war, hier öfter den Abglanz zu geben, indem ich altes Mysterienwesen schilderte.

Dann aber wurde auch auf die Zukunft hingewiesen, auf das, was neues Mysterienwesen werden sollte, auf all dasjenige, was nun nicht wie das alte Mysterienwesen in den Menschen hineinkam, der auf der Erde nicht die Intelligenz hatte, der daher in traumhafter Weise die übersinnlichen Welten erleben konnte, sondern auf dasjenige Mysterienwesen, das wir anfangen müssen zu verstehen auf anthroposophischem Gebiete, das mit der völligen Intelligenz der Menschen, mit der klaren, lichtvollen Intelligenz absolut vereinbar ist.

Aber gehen wir ein wenig auf die Intimitäten der Lehre jener übersinnlichen Schule ein. Diese Intimitäten führten ja zu der Erkenntnis von dem, wovon sich eigentlich in den Weltanschauungen der Menschen auf Erden seit der alten hebräischen Zeit und wiederum innerhalb der christlichen Zeit nur eine Art Abglanz fand, wovon auch heute noch, wo schon tiefere Einsichten herrschen sollten, bei der weitaus größten Anzahl der Menschen sich nur noch ein traditioneller Abglanz findet: Es ist die Lehre von der Sünde, von dem sündhaften Menschen, von dem Menschen, der eigentlich am Ausgangspunkte der menschlichen Entwickelung dazu bestimmt gewesen wäre, nicht so tief in das Materielle herunterzusteigen, als er nun heruntergestiegen ist.

Eine gewisse noch gute Version dieser Lehre findet sich ja zum Beispiel bei *Saint-Martin*, bei dem «Unbekannten Philosophen», der durchaus noch seine Schüler lehrt, daß der Mensch in der Tat ursprünglich, bevor die Menschenentwickelung auf der Erde begann, auf einer gewissen Höhe stand, und daß er heruntergesunken ist durch eine Ursünde, die Saint-Martin den kosmischen Ehebruch nennt. Durch eine Ursünde ist der Mensch heruntergesunken zu demjenigen Stande, in dem er heute sich befindet. Nun, dadurch aber hat ja gerade Saint-Martin auch hingewiesen auf das, was in der Lehre von der Sünde während der ganzen menschlichen Entwickelung vorhanden war: die Anschauung, daß der Mensch nicht auf der Höhe steht, auf der er stehen könnte. Alle Lehre von der Erbsünde wurde mit Recht mit dieser Anschauung verbunden, daß der Mensch eigentlich ursprünglich von seiner Höhe heruntergesunken ist.

Dadurch aber, daß man die Konsequenzen dieser Anschauung zog, hatte man eine ganz bestimmte Nuance der Weltanschauung herausgearbeitet, die Nuance, welche sagte: Da der Mensch nun einmal sündhaft geworden ist – und sündhaft werden, heißt eben heruntersinken von der ursprünglichen Höhe –, so kann er nicht so die Welt durchschauen, wie er sie sündenlos, wie er vor seinem Falle war, hätte anschauen können. Der Mensch sieht daher die Welt trübe. Er sieht sie nicht in ihrer wahren Gestalt, er sieht sie voller Illusionen und Phantasmen. Er sieht gerade das, was er draußen in der Natur schaut, sieht nicht, wie es ist mit seinem geistigen Hintergrunde; er sieht es in materieller Form, die in Wirklichkeit gar nicht da ist. Das heißt, der Mensch ist sündhaft für die Anschauung der alten Zeiten und für die Tradition vielfach noch heute. So daß also auf der Erde von denjenigen auch, die die Tradition der Mysterien bewahrten, durchaus gelehrt wurde: Der Mensch kann die Welt nicht so anschauen, er kann in der Welt nicht so fühlen, er kann in der Welt nicht so tun, wie er denken, fühlen und tun würde, wenn er nicht sündhaft geworden wäre, das heißt, wenn er von der Höhe, zu der ihn ja die zu ihm gehörigen Götter ursprünglich bestimmt haben, nicht heruntergefallen wäre.

Wenn wir nun hinschauen auf alle die führenden Geister aus der Reihe der Archangeloi, welche nacheinander sich so ablösen in der irdischen Herrschaft, daß diese Herrschaft immer durch etwa drei bis dreieinhalb Jahrhunderte ausgeübt wird, wie in den letzten drei bis vier Jahrhunderten durch Gabriel, jetzt durch Michael weiter durch drei Jahrhunderte, die da kommen werden, wenn wir auf die ganze Reihe dieser Archangeloi-Wesen: Gabriel, Raphael, Zachariel, Anael, Oriphiel, Samael, Michael hinschauen, so können wir das Verhältnis, das zwischen ihnen und den höheren Geistern der höheren Hierarchien besteht, etwa in der folgenden Art charakterisieren.

Bitte, nehmen Sie die Worte, die trivial klingen – aber man hat ja nur Menschenworte –, nehmen Sie die Worte für diese erhabenen Dinge nicht, ich möchte sagen, leicht hin; sie sind nicht leicht gemeint. Von allen diesen Engeln, deren sieben an der Zahl sind, haben sechs sich zwar nicht ganz – am meisten Gabriel, auch er nicht ganz –, aber doch sechs verhältnismäßig sehr stark sich abgefunden mit der Tatsache, daß die Menschen vor der Maja, vor der großen Illusion stehen, weil sie durch ihre Qualität, die nicht dem entspricht, wozu sie ursprünglich bestimmt waren, herabgestiegen sind von dieser ihrer ursprünglichen Gestalt. Einzig und allein Michael ist derjenige, der eben – ich muß mich, ich möchte sagen, banal ausdrücken – nicht nachgeben wollte und der mit denen, die Michael-Geister sind auch unter den Menschen, auf dem Standpunkte steht: Ich bin der Verwalter der Intelligenz. Die Intelligenz muß so verwaltet werden, daß in sie nicht eintritt die Illusion, die Phantastik, das, was den Menschen nur dunkel und nebulos in die Welt hineinschauen läßt.

Meine lieben Freunde, zu durchschauen, wie da Michael dasteht als der größte Opponent in der Erzengelschar, das ist ein ungeheuer erhebender Anblick, das ist etwas überwältigend Grandioses. Und jedesmal, wenn eine Michaelzeit da war, geschah auch auf Erden dieses, daß die Intelligenz als Mittel zur Erkenntnis nicht nur kosmopolitisch wurde, wie ich es schon dargestellt habe, sondern so wurde, daß die Menschen sich durchdrangen mit dem Bewußtsein: Wir können doch zur Gottheit hinauf.

Dieses «Wir können doch zur Gottheit hinauf», das spielte eine ungeheuer große Rolle am Ende der letzten alten Michaelzeit. Da waren, von Griechenland ausgehend, überall die Stätten der alten Mysterien so, daß über sie hingezogen war die Atmosphäre der Entmutigung. Entmutigt waren diejenigen, die in Unteritalien, in Sizilien die Nachfolger der alten pythagoreischen Schule waren, entmutigt waren sie, weil der Zauberglanz, der einmal im 6. vorchristlichen Jahrhundert über der pythagoreischen Schule gewaltet hatte, verglommen war. Wiederum wurde – auch von den in die pythagoreischen Mysterien Eingeweihten – gesehen, wie das Illusionäre, das materialistisch Illusionäre sich über die Welt hin verbreitet.

Entmutigt waren die Töchter und Söhne der alten ägyptischen Mysterien. Oh, diese ägyptischen Mysterien, sie waren schon zur Alexanderzeit so entmutigt, daß sie, ich möchte sagen, nur noch wie Schlacken alter wunderbarer Metallflüsse fortpflanzten solche tiefen Lehren, wie sie sich zum Ausdrucke brachten in der Osiris-Sage oder in dem Hinaufschauen zu dem Serapis. Drüben in Asien, wo waren jene mutigen, gewaltigen Erhebungen in die geistige Welt, wie sie etwa ausgingen von den Diana-Mysterien in Ephesus? Selbst die Samothrakischen Mysterien, die Weisheiten der Kabiren, sie konnten nurmehr von denjenigen, die in sich selber den Impuls zum Aufschwunge, zum Großen trugen, entziffert werden; nur von denen, die so in ihrer Seele geartet waren, konnten noch die Rauchwolken, die aufstiegen aus Axieros und den anderen Kabiren, entziffert werden.

Entmutigung war überall eingetreten! Überall ein Empfinden, möchte ich sagen, desjenigen, was man in den alten Mysterien versuchte zu überwinden, indem man sich an das Geheimnis des Sonnenmysteriums wandte, das eigentlich das Geheimnis des Michael ist – überall ein Empfinden: der Mensch kann nicht!

Diese Michaelzeit war eine Zeit der großen Prüfung. Plato war im Grunde genommen nur noch eine Art von wässerigem Extrakt des alten Mysterienwesens. Aus diesem Extrakt wurde dann das Intellektuellste durch den Aristotelismus geholt, und Alexander nahm es auf seine Schultern.

Das war damals das Michael-Wort: Der Mensch muß zur Pan-Intelligenz kommen, zur Erfassung des Göttlichen auf der Erde in sündloser Form. Es muß verbreitet werden überallhin das Beste, was gewonnen worden ist, über die entmutigten Mysterienstätten hin, mit dem Mittelpunkte in Alexandrien. Das war der Impuls des Michael. Und dies ist eben das Verhältnis des Michael zu den anderen Archangeloi: daß er in der stärksten Weise protestierte gegen den Fall der Menschen.

Das ist aber auch dasjenige, was der wichtigste Inhalt seiner Lehre ist, wie er sie in jener übersinnlichen Lehrschule, von der ich letzten Montag gesprochen habe, den Seinigen beigebracht hat. Dieser wichtigste Inhalt ist der: Wenn nun die Intelligenz unter den Menschen sein wird, wenn nun die Intelligenz, entfallen dem Schoße der Michaeliten, unten auf der Erde sein wird, dann müssen die Menschen in diesem Michaelischen Zeitalter spüren, empfinden müssen sie, daß sie sich da zu retten haben, weil die Intelligenz nicht befallen werden darf von der Sündhaftigkeit, weil dieses Zeitalter der Intelligenz benutzt werden muß, um in reiner Intelligenz, frei von der Illusion, zum spirituellen Leben aufzusteigen.

Das ist dasjenige, was die Stimmung ist auf der Michael-Seite gegenüber der Stimmung auf der Ahrimanseite. Denn ich habe den Gegensatz auch schon letzten Montag charakterisiert: wie von Ahriman die stärksten, die allerstärksten Anstrengungen schon gemacht werden und weiter gemacht sein werden, diese unter die Menschen geratene Intelligenz sich anzueignen, die Menschen von sich besessen zu machen, so daß Ahriman in den Menschenköpfen die Intelligenz besitzen würde.

Sehen Sie, meine lieben Freunde, man muß, möchte ich sagen, diesen Ahriman, das heißt diese Scharen des Ahriman, nur kennen. Es ist nicht damit getan, daß man den Namen Ahriman verächtlich findet und einer Schar von verächtlichen Wesen den Namen des Ahriman gibt. Damit ist gar nichts getan. Worauf es ankommt, ist, daß in Ahriman vor allen Dingen eine Weltenwesenheit vor uns steht von denkbar höchster Intelligenz, eine Weltenwesenheit, die schon ganz ins Individuelle hereingenommen hat die Intelligenz. Ahriman ist nach jeder Richtung hin im hohen Grade überintelligent; eine blendende Intelligenz beherrscht er, die aus dem ganzen menschlichen Wesen kommt, nur nicht aus demjenigen Teil des menschlichen Wesens, das sich gerade in der menschlichen Stirne menschlich formt.

Würden wir den Ahriman in menschlicher Imagination nachbilden, so müßten wir ihm eine zurücklaufende Stirn geben und einen frivolzynischen Ausdruck, weil alles bei ihm aus diesen niederen Kräften kommt, aber aus diesen niederen Kräften kommt eben die höchste Intelligenz. Mit Ahriman sich etwa in eine Diskussion einzulassen, würde bedeuten, daß man geradezu zerschmettert würde von der logischen Folgerichtigkeit, von der grandiosen Treffsicherheit, mit der er seine Argumente handhabt. Für die Welt der Menschen, so ist die Meinung Ahrimans, muß sich erst entscheiden, ob Klugheit oder Torheit herrschen wird. Und töricht nennt Ahriman alles, was nicht in voller persönlicher Individualität die Intelligenz in sich schließt. Denn jedes Ahrimanwesen ist persönlich überintelligent, so wie ich es Ihnen eben geschildert habe, kritisch in der Ablehnung alles Unlogischen, spottend, verächtlich denkend.

Sehen Sie, wenn man so Ahriman vor sich hat, dann wird man natürlich auch den vollen Gegensatz zwischen Ahriman und Michael empfinden. Denn Michael kommt es auf das Persönliche der Intelligenz gar nicht an; für den Menschen ist nur stets die Versuchung da, die Intelligenz nach dem Musterbilde des Ahriman auch persönlich zu machen. Ahriman hat eigentlich von Michael ein sehr verächtliches Urteil, Ahriman hat von Michael das Urteil, daß Michael dumm, töricht sei. Natürlich ist das in Relation zu sich selber: weil Michael nicht persönlich die Intelligenz an sich heranziehen will, sondern weil Michael will und wollte durch Jahrtausende, durch Äonen, die Pan-Intelligenz verwalten, und jetzt auch wiederum, indem die Menschen die Intelligenz haben sollten, sie als etwas gemeinsam Menschliches, als etwas, was allen Menschen als solchen als die allgemeine Intelligenz zugute kommt, verwalten will.

Gewiß, wir würden recht tun als Menschen, wenn wir uns sagen würden: der Glaube, daß wir die Gescheitheit allein für uns haben können, der ist töricht. Denn wir können nicht gescheit nur für uns sein. Wenn wir jemandem etwas logisch beweisen wollen, so setzen wir doch gerade voraus, daß für ihn dieselbe Logik gilt, und für den dritten wieder dieselbe Logik. Wenn einer eine eigene Logik haben könnte, ja, dann könnten wir ihm ja nichts beweisen wollen nach unserer Logik. Es ist eben die Eigentümlichkeit dieses Michael-Zeitalters, daß das durchaus auch in das Fühlen gehen muß, was schließlich einzusehen ist.

Und so tobt eigentlich hinter den Kulissen des Daseins der Kampf des Ahriman gegen den Michaelismus. Und das ist, wie ich schon am letzten Montag sagte, etwas, was zur Aufgabe des Anthroposophen gehört: eine Empfindung dafür zu haben, daß dieses jetzt so ist, daß sozusagen der Kosmos in diesem Kampfe drinnensteht.

Sehen Sie, Bedeutung gewann dieser Kampf, der im Kosmos schon war seit dem 8., 9. Jahrhundert, als nach und nach die kosmische Intelligenz dem Michael und seinen Scharen entsank, herunterkam unter die Erdenmenschen, aktuell wurde das erst, als die Bewußtseinsseele in jenem Zeitpunkte, auf den ich so oft hingedeutet habe, im Beginne des 15. Jahrhunderts, sich in der Menschheit zu entwickeln begann. Da sehen wir auch auf Erden in einzelnen Geistern, die dazumal eben auf der Erde lebten, etwas wie eine Spiegelung von dem, was in der großen übersinnlichen Lehrschule, von der ich letzten Montag gesprochen habe, stattfand; da sehen wir, daß etwas davon in den einzelnen Erdenmenschen sich spiegelte.

Wir haben ja in der letzten Zeit so vieles von himmlischen Spiegelungen in irdischen Schulen und Anstalten erörtert. Wir haben von der großen Schule von Chartres gesprochen, wir haben von anderen gesprochen. Aber auch für einzelne Menschen kann da gesprochen werden. Und da haben wir die merkwürdige Erscheinung, daß gerade da, wo die Bewußtseinsseele in der zivilisierten Menschheit sich zu entwickeln beginnt, da, wo das wahre Rosenkreuzertum diesen Aufgang, diesen Anfang des Impulses zur Bewußtseinsseele in die Hand zu nehmen hat, daß da in einen Geist dieses Zeitalters wie ein Blitz hineinschlug etwas von diesem überirdischen Impuls. Das war in *Raimundus de Sabunda* im 15. Jahrhundert. Und es ist fast wie ein irdischer Abglanz der großen übersinnlichen Michael-Lehre, die ich Ihnen nun charakterisiert habe, was da Raimundus de Sabunda lehrte im Beginne des 15. Jahrhunderts.

Er sagte: Die Menschen sind von dem Standpunkte, der ihnen ursprünglich von den zu ihnen gehörigen Göttern verliehen war, heruntergefallen. Wären sie auf diesem Standpunkte geblieben, sie hätten um sich alles das, was in den wunderbaren Kristallformen des Mineralreiches, was in dem ungeformten Mineralreiche lebt, was in den hundert- und tausendfältigen Formen des Pflanzlichen lebt, was in den Formen des Tierischen lebt, was sich regt und bewegt in Wasser, Luft, was sich regt und bewegt im Warmen und Irdischen, sie hätten all das so gesehen, wie es in seiner wahren Gestalt ist.

Raimundus von Sabunda erinnerte daran, wie einstmals im Sephirotbaum, in den Aristotelischen Kategorien, in jenen allgemeinen Begriffen, die so sonderbar ausschauen für den, der sie nicht versteht, wie in alledem enthalten ist dasjenige, was durch die Intelligenz hinaufführen soll in die geistige Welt. Wie trocken, wie schrecklich trocken nimmt sich für die Menschen aus, was in den Aristotelischen Kategorien enthalten ist, wenn da in den Logiken gelernt wird: Sein, Verhalten, Tun, da, dort – zehn solche Kategorien, zehn solche allgemeinen Begriffe. Da sagen die Menschen: Das ist natürlich zum Davonlaufen, solche allgemeinen Begriffe zu lernen, ist zum Davonlaufen! Warum soll man sich denn für zehn solche allgemeine Begriffe: Sein, Haben, Werden und so weiter, warum soll man sich denn dafür echauffieren? – Das ist aber gerade so, wie wenn jemand sagen würde: Da ist der Goethesche «Faust», da machen die Leute ein Wesen aus dem Goetheschen «Faust»! Der besteht doch nur aus a, b, c, d, e, f bis z! Es ist nichts anderes drinnen in dem Buch, nur in verschiedenen Kombinationen, als a, b, c, d, e, f bis z. Und einer, der nicht lesen kann und den Goetheschen «Faust» in die Hand nimmt, der wird nicht darauf kommen, was für eine ungeheure Größe darinnen ist, sondern wird immer nur a, b, c, d, e, f bis z sehen. Einer, der nicht weiß, wie a, b, c, d zu kombinieren sind, der nicht weiß, wie sie gegeneinander sich verhalten, der kann den «Faust» eben nicht lesen.

Sehen Sie, so ist es auch in bezug auf das Lesen der Worte mit den Aristotelischen Kategorien; ihrer sind zehn: Sein, Quantität – Menge, Qualität – Eigenschaft, Relation, Raum, Zeit, Lage, Verhalten, Tun, Leiden – ihrer sind nicht so viele wie Buchstaben. Es sind die geistigen Buchstaben. Wer Sein, Verhalten, Tun und so weiter in der richtigen Weise zu handhaben weiß, so wie man die einzelnen Buchstaben zu handhaben weiß, damit sie den «Faust» ergeben, der ahnt noch etwas von dem, was Aristoteles über diese Dinge zum Beispiel in der Unterweisung des Alexander gesagt hat.

Raimundus von Sabunda, er machte noch aufmerksam auf so etwas, er wußte noch von so etwas. Er sagte: Sieht man hin auf das, was zum Beispiel noch im Aristotelismus war, so ist es etwas, was geblieben ist von jenem alten Standpunkte, von dem die Menschen heruntergesunken sind im Beginne der menschlichen Erdenentwickelung. Daran haben sie sich noch im Anfang erinnert: das war das «Lesen im Buche der Natur». Aber die Menschen sind eben so tief heruntergefallen, daß sie nicht mehr in Wahrheit in dem «Buche der Natur» lesen können. Daher hat ihnen Gott, der sich ihrer erbarmte, die Bibel gegeben, oder das «Buch der Offenbarung», damit sie nicht ganz hinwegkommen von dem, was das Göttlich-Geistige ist.

Also Raimundus von Sabunda hat noch im 15. Jahrhundert gelehrt: Das «Buch der Offenbarung» ist da für den sündigen Menschen, weil der nicht versteht, in dem «Buche der Natur» zu lesen; aber er hat es so gelehrt, daß er schon gedacht hat: Die Menschen müssen wieder die Möglichkeit finden, in dem «Buche der Natur» zu lesen. Und das ist der Impuls des Michael: die Menschen, nachdem die von ihm verwaltete Intelligenz unter sie gekommen ist, wieder dazu zu bringen, das große Buch der Natur wiederum aufzuschlagen, in dem «Buche der Natur» zu lesen.

Eigentlich sollte jeder, der in der anthroposophischen Bewegung ist, fühlen, daß er sein Karma nur verstehen kann, wenn er erst weiß: An ihn geht persönlich die Aufforderung, wiederum in dem «Buche der Natur» geistig zu lesen, die geistigen Hintergründe der Natur zu finden, nachdem Gott die Offenbarung für die Zwischenzeit gegeben hat.

Nehmen Sie auf den Sinn, der enthalten ist in meinem Buche «Die Mystik im Aufgange des neuzeitlichen Geisteslebens». In diesem Buche werden Sie auf der letzten Seite sehen – nur eben in der Gestalt, wie ich es dazumal schreiben konnte und schreiben mußte –, daß es sich darum handelte, die anthroposophische Bewegung in dem Sinne zu führen, daß wiederum gelesen werden kann nicht nur in dem «Buche der Offenbarung», von dem ich sagte, daß noch *Jakob Böhme* darin gelesen hat, sondern auch in dem «Buche der Natur». Die stümperhaften, die ungenügenden, die oftmals schauderhaften Anfänge der neueren Naturwissenschaft, sie müssen umgewandelt, metamorphosiert werden durch eine spirituelle Weltanschauung in ein wirkliches Lesen in dem Buche der Natur. Auch ist, glaube ich, der Ausdruck vom «Buche der Natur» am Ende des Buches «Die Mystik im Aufgange des neuzeitlichen Geisteslebens» gebraucht. Vom Anfang an hatte die anthroposophische Bewegung dieses «Schibboleth». Vom Anfange an war das ein Appell an diejenigen Menschen, die nun hören sollten auf die Stimme ihres Karma, mehr oder weniger unterbewußt und dunkel vernehmen sollten den Ruf: Mein Karma wird etwas affiziert und ergriffen von dem, was als Michael-Botschaft da in die Welt tönt; ich habe durch mein Karma etwas damit zu tun.

Es sind ja schließlich Menschen, die dagewesen sind, die immer da sind, die da kamen, die immer wieder kommen und kommen werden, welche bereit sind, in einem gewissen Sinne hinwegzugehen von der Welt, sich zu sammeln in dem, was sich als Anthroposophische Gesellschaft zusammenfaßt. In welchem Sinne, mehr oder weniger, dieses Hinweggehen von der Welt aufzufassen ist, als wirklich, als formell und so weiter, das ist ja eine Sache für sich, aber eine Art Hinweggehen ist es für die einzelnen Seelen, eine Art Hingehen zu etwas, was anders ist als dasjenige, aus dem sie herausgewachsen sind. Die mannigfaltigsten karmischen Ergebnisse kommen ja an den einzelnen Menschen heran. Der eine erlebt das oder jenes dadurch, daß er sich aus Zusammenhängen herausreißen muß, daß er sich vereinigt mit denen, die die Michael-Botschaft pflegen wollen. Da sind solche, die diesen Anschluß an die Michael-Botschaft wie eine Art von Erlösung empfinden. Dann sind aber solche, die es empfinden, als ob sie in eine Lage versetzt sind wie etwa: Ich werde hingezogen zu Michael auf der einen Seite, zu dem Ahrimanismus auf der anderen Seite; ich kann nicht wählen, ich stecke durch das Leben darinnen! – Da sind solche, die ihr Mut herausreißt, die aber noch einen äußeren Zusammenhang haben. Da sind solche, die leicht den äußeren Zusammenhang finden; auch das ist möglich, und vielleicht sogar für den heutigen Zustand der Anthroposophischen Gesellschaft noch das Allerbeste. Aber immer stehen Menschen, die innerhalb der anthroposophischen Bewegung stehen, anderen gegenüber, die nicht darinnen stehen, auch solchen, mit denen sie von früheren Erdenleben her karmisch tief verbunden sind. Da sehen wir dann hinein in die merkwürdigsten karmischen Fäden.

Verstehen können wir diese merkwürdigen karmischen Fäden nur, wenn wir uns erinnern werden an diese Voraussetzungen, die wir jetzt durchgesprochen haben, wo wir wirklich gesehen haben, wie die Seelen, die heute aus dem Unbewußten heraus den Drang empfinden hin zur anthroposophischen Bewegung, etwas miteinander durchgemacht haben in früheren Erdenleben, Dinge durchgemacht haben, indem sie zum größten Teile zu den Scharen gehörten, die die Michael-Botschaft im Übersinnlichen im 15., 16., 17. Jahrhundert gehört haben, die dann im Beginne des 19. Jahrhunderts den mächtigen imaginativen Kultus durchgemacht haben, von dem ich hier gesprochen habe. Wir sehen einen mächtigen kosmisch-tellurischen Ruf an die karmischen Zusammenhänge der Mitglieder der Anthroposophischen Gesellschaft herangehen. Wir haben ja letzten Montag gehört, wie der sich über das ganze 20. Jahrhundert erstrecken wird, und wie die Kulmination eintreten wird am Ende des 20. Jahrhunderts.

Davon, meine lieben Freunde, möchte ich dann am nächsten Sonntag sprechen.

NEUNTER VORTRAG

Dornach, 3. August 1924

Sie haben wohl aus den vorangehenden Vorträgen gesehen, wie Seelen, die aus den Tiefen ihres Unterbewußtseins herauf den Drang fühlen nach der anthroposophischen Bewegung, dieses in sich tragen durch ihre besondere Beziehung zu den Michael-Kräften. Und wir haben daher die Wirksamkeit dieser Michael-Kräfte durch die verschiedenen Jahrhunderte hindurch betrachtet, um zu sehen, welchen Einfluß diese Michael-Impulse auf das Leben derjenigen haben können, die in irgendeinem Zusammenhange mit ihnen stehen.

Nun sind, und das ist für das Karma jedes einzelnen Anthroposophen von großer Bedeutung, die Michael-Impulse von solcher Art, daß sie tief und intensiv eingreifen in den ganzen Menschen. Wir wissen ja aus den vorangehenden Darstellungen, daß der Herrschaft des Michael, wenn wir es so nennen wollen, die für das Erdenleben am Ende der siebziger Jahre des 19. Jahrhunderts begonnen hat, vorangegangen ist die Herrschaft des Gabriel, und ich habe schon auseinandergesetzt, wie diese Herrschaft des Gabriel zusammenhängt mit Kräften, die durch die physische Fortpflanzung gehen, mit Kräften, die mit der physischen Vererbung zusammenhängen.

Dem gerade entgegengesetzt sind die Kräfte des Michael. Es ist bei der Herrschaft des Gabriel so, daß seine Impulse stark in die physische Körperlichkeit des Menschen hineinwirken. Michael wirkt stark in das geistige Wesen des Menschen hinein. Das können Sie ja schon daraus entnehmen, daß er der Verwalter der Weltenintelligenz ist. Aber Michaels Impulse sind stark, sind kräftig, und sie wirken vom Geistigen aus durch den ganzen Menschen; sie wirken ins Geistige, von da aus ins Seelische und von da aus ins Leibliche des Menschen hinein. Und in den karmischen Zusammenhängen sind ja immer diese überirdischen Kräfte tätig: Wesenheiten der höheren Hierarchien wirken mit dem Menschen, an dem Menschen; dadurch wird das Karma ausgestaltet. Und so sind die Michael-Kräfte dadurch, daß sie auf den ganzen Menschen wirken, auch Kräfte, die zunächst besonders stark in das Karma des Menschen hineinwirken. Gabriel-Kräfte wirken sehr wenig, nicht etwa gar nicht, aber sehr wenig in das eigentliche Karma des Menschen hinein; Michael-Kräfte wirken stark in das Karma des Menschen hinein.

Wenn daher gewisse Menschen – und das sind Sie im Grunde genommen alle, meine lieben Freunde – mit dieser Michael-Strömung besonders verbunden sind, dann kann eigentlich das Karma dieser einzelnen Menschen nur verstanden werden, wenn es im Zusammenhang gedacht wird mit der Michael-Strömung. Und betrachtet man Michael als einen Geist, der im besonderen Zusammenhang mit der Sonne und allen Sonnenimpulsen steht, dann wird man noch mehr sich klar sein darüber, welche ungeheuer tiefe Bedeutung diese Michael-Impulse eben auf diejenigen Menschen haben, die ihnen besonders ausgesetzt sind; bis in die physische Organisation wirkt das Geistige hinein. Und man muß einfach, mehr als das sonst der Fall ist, physische Erscheinungen in Gesundheit und Krankheit – sagen wir, um einen Ausdruck zu haben, bei den Michael-Menschen – in einem höheren Sinne mit dem Karma zusammenbringen als bei Gabriel-Menschen oder Raphael-Menschen oder dergleichen. Wenn Raphael auch geradezu derjenige Geist ist, der mit der Heilkunst im innigen Zusammenhange steht – die Dinge sind verwickelt im Weltenall –, Michael ist doch der Geist, der das Karma des Menschen am nächsten auch an Gesundheit und Krankheit heranbringt.

Das hängt wiederum damit zusammen, daß die Michael-Kräfte durchaus so wirken, daß sie nicht nur kosmopolitisch wirken, sondern daß sie den Menschen herausreißen aus den engeren irdischen Zusammenhängen und ihn hinauftragen auf eine geistige Höhe, in der er die irdischen Zusammenhänge weniger stark fühlt als andere Menschen; wenigstens ist er durch sein Karma dazu vorbestimmt – wiederum etwas, was auf das Karma jedes einzelnen Menschen, der zur Michael-Strömung gehört, einen tiefgehenden Einfluß schon hat.

Sehen Sie, es war ja im letzten Drittel des 19. Jahrhunderts wirklich so, daß – nicht nervöse, aber geistig und seelisch sensitive – Menschen stark haben verspüren können das Hereindringen der Michael-Kräfte in die Welt. Dieses Hereindringen der Michael-Kräfte in die

Welt, es äußerte sich bei den eigentlichen Michael-Menschen so, daß sie manches, woran ein anderer Mensch vorübergeht, ganz tief bedeutsam und einschlagend in das Leben empfanden.

Vor allen Dingen war das Karma solcher Menschen so geartet, daß, wenn sie sich auch nicht klar wurden darüber, sie doch jenen Kampf verspürten, den ich vorgestern beschrieben habe als den Kampf zwischen Michael und Ahriman. Ahriman hat ja im heutigen Zeitalter auf die Menschen nur dann einen starken Einfluß, wenn in irgendeiner Weise eine Bewußtseinsablenkung vorhanden ist. Die radikalste Erscheinung ist die, sagen wir, einer Ohnmacht oder einer Bewußtseinstrübung, die länger dauert. In solchen Zeiten, wo der Mensch einer Bewußtseinstrübung verfällt, da können die Ahrimangewalten besonders stark an den Menschen heran. Da wirken sie dann in ihm, da ist er ihnen ausgesetzt. Aber es ist gerade in diesem letzten Drittel des 19. Jahrhunderts, namentlich in der Zeit, die schon nahe kam an den Ablauf des Kali Yuga, also in den letzten Jahren des vorigen Jahrhunderts, tatsächlich erschütternd gewesen, hinter die Szene der äußeren physisch-sinnlichen Welt zu schauen, die da sich ausbreitet vor den menschlichen Sinnen. Unmittelbar daran grenzend ist ja dasjenige, was uns viel zeigt von diesen historischen Vorgängen, in die die höheren, die übersinnlichen Wesen eingreifen.

Nun war ja in diesem letzten Drittel des 19. Jahrhunderts, namentlich im letzten Jahrzehnt, nur durch einen dünnen Schleier verborgen, was die Herrschaft, der ganze Kampf, der ganze Tatsachenzusammenhang Michaels ist. Seither ist es so, daß Michael gewissermaßen in der äußeren Welt mitkämpft. Da handelt es sich dann darum, daß man eine viel stärkere Kraft braucht, um das, was übersinnlich da ist, zu schauen, als vor dem Ablauf des Kali Yuga, also im vorigen Jahrhundert noch, wo, wie gesagt, durch einen dünnen Schleier die nächstanstoßende Welt verborgen war, wo Michael noch mehr hinter der Szene kämpfte. Aber Michael besteht ja darauf, wie ich Ihnen gesagt habe, daß unbedingt seine Herrschaft durchdringe. Michael ist ein kräftiger Geist, und Michael kann nur mutvolle Menschen, innerlich mutvolle Menschen vollständig brauchen.

Und in diesen ganzen Zusammenhängen, die ich Ihnen dargestellt habe, in dieser übersinnlichen Lehrschule des 15., 16., 17. Jahrhunderts, in jenem übersinnlichen Kultus im Beginne des 19. Jahrhunderts, da spielen fortwährend unter den Geistern, die daran beteiligt sind, zahlreiche Scharen von notwendigen, für den ganzen Zusammenhang notwendigen luziferischen Gestalten herein. Michael hat nötig luziferische Gestalten, die mitwirken, um den polarischen Gegensatz, um Ahriman zu überwinden. So daß die Michael-Menschen schon hineingestellt sind auch in – da kann man vielleicht nicht sagen einen Kampf, aber in ein Gewoge des Zusammenwirkens zwischen luziferischen Impulsen und ahrimanischen Impulsen. Diese Dinge zeigten sich mit einer großen Bestimmtheit eben gerade gegen das Ende des vorigen Jahrhunderts. Da war es nicht so selten, daß man durch diesen Schleier, wie ich ihn genannt habe, durchschauen konnte. Dann sah man, wie stark Michael zu kämpfen hat gegen Ahriman, und wie leicht es war, durch allerlei luziferische Einflüsse das Bewußtsein abgelenkt zu bekommen.

Sie werden vielleicht sagen: Bewußtseinsablenkungen, Ohnmachten seien ja etwas nicht so Sonderliches. Gewiß, äußerlich angeschaut, sind sie nichts Sonderliches; aber sie werden etwas Bedeutsames durch das, was in ihrer Folge eintritt, was dann kommt, wenn die Bewußtseinsablenkung oder -trübung da ist. Da möchte ich Ihnen ein Beispiel geben.

Es handelte sich einmal darum, jemanden intimer historisch bekanntzumachen mit einer Persönlichkeit. Sie sollte sich einfach beschäftigen damit, sich historisch bekanntzumachen mit einer Persönlichkeit aus der Zeit der Renaissance und Reformation. Also verstehen Sie mich genau: Es handelte sich darum, daß alle Vorbereitungen dazu vorhanden waren, daß ein Mensch – es war am Ende der neunziger Jahre des vorigen Jahrhunderts – auf historischem Wege bekannt werden sollte mit einer Persönlichkeit aus der Zeit der Renaissance und Reformation. Ja, man konnte eigentlich gar nicht begreifen, wie es anders kommen könnte nach alledem, was eben vorlag, als daß dieser Mensch mit jener Persönlichkeit auf einem ganz, ich möchte sagen, pedantisch-philiströsen Wege hätte bekannt werden sollen. Aber siehe da, durch die raffiniertesten Verhältnisse des Karma wurde der

Mensch gerade für die Zeit, in der er das erleben sollte, unfähig, sein Bewußtsein zu gebrauchen. Er verfiel in eine Art von Schlaf, aus dem er nicht erwachen konnte. Er wurde verhindert dadurch.

Solche Dinge beachtet man natürlich im gewöhnlichen Leben nicht sehr stark. Aber diese Dinge sind es gerade, durch die man unmittelbar von der Erdenwelt aus hineinschaut in die geistige Welt. Und will man eine Erklärung für diese Tatsache, so muß man sagen: Jene Persönlichkeit, die bekannt werden sollte mit einer Persönlichkeit aus der Zeit der Renaissance und Reformation, hätte zweifellos einen ungeheuer starken persönlichen Eindruck bekommen, wenn sie gerade das, was ich erzähle, mitgemacht hätte. Sie hat es nicht mitgemacht, sie hat es übergangen. Aber diese Persönlichkeit hat in der Zeit dafür umgewandelt bekommen das, was sie da als Eindruck bekommen hätte, in einen besonders starken Eindruck für Michaelisches Element. Sie hat geradezu Verständnis bekommen – wenn auch unbewußt – für Michaelisches Element.

Ich führe dieses etwas paradoxe Beispiel aus dem Grunde an, um Ihnen zu zeigen, auf welchem Wege das Michaelische Element an die Menschen herankam. Und von solchen Beispielen könnte man viele, viele anführen. Die Menschen wären heute ganz anders, wenn nicht bei zahlreichen Menschen solche Dinge vorgekommen wären. Denn diese Dinge können ja auf hunderterlei Weise vorkommen. In dem Fall, den ich Ihnen erzählt habe, war es so, daß der Betreffende eben wirklich in eine Art von Schlafzustand verfiel. In anderen Fällen war die Sache so, daß irgendein Ereignis, welches von Michael abgeführt hätte, dadurch verhindert wurde, daß ein Freund oder irgendein anderer kam und den Betreffenden woanders hinführte und das Bewußtsein des Betreffenden in der natürlichsten, philiströsesten Weise umhüllt wurde, wodurch er verhindert wurde, dasjenige mitzumachen, was ihm eigentlich zunächst karmisch vorbestimmt war. Die schärfsten Eingriffe in den gewöhnlichen glatten Fortgang des Karma geschahen eben gerade in diesen Jahren.

Und in der Regel ist da ersichtlich geworden, wie tief diese Michael-Einflüsse dann gehen. In zahlreichen Fällen stellte sich heraus, daß nicht nur seelisch, sondern bis ins Leibliche hinein affiziert wurden, beeinflußt wurden solche Menschen, die einen solchen Ruck in ihrem Karma dadurch bekommen hatten, daß Michael eben herein mußte durch die Tore menschlicher Bewußtseine in die irdisch-sinnliche Welt.

Es ist im höchsten Grade interessant, zu sehen, wie in den neunziger Jahren Menschen in Ereignisse hereingebracht wurden, die nichts anderes darstellen als die Wege des Michael aus der geistigen Welt herein in die physische Welt. Denn Sie müssen bedenken: Was da im letzten Drittel des 19. Jahrhunderts als der Einzug des Michael in die physische Welt stattfand, bereitete sich ja in der geistigen Welt schon seit langem vor, schon seit dem Beginn der vierziger Jahre des 19. Jahrhunderts. Ich möchte sagen, Michael und die Seinen kamen immer näher und näher heran, und immer mehr und mehr zeigte sich, daß da Menschen herunterkommen werden, die in ihrem Erdenschicksale mit dem zusammenhängen, was Michael-Aufgabe ist: die Intelligenz hier auf der Erde wiederum zu übernehmen, nachdem sie den Michael-Scharen im Übersinnlichen entfallen war.

In all das – Sie erkennen es schon aus den bisherigen Darstellungen – ist ja schließlich die anthroposophische Bewegung hineingestellt. Denn mit dieser ganzen Michael-Strömung hängt sie ja zusammen, wie ersichtlich ist aus der Darstellung, die ich bisher gebracht habe.

Nun betrachten Sie nur einmal, mit diesem Lichte beleuchtet, die karmischen Zusammenhänge einzelner Persönlichkeiten, die durch einen inneren Drang an die anthroposophische Bewegung herankommen. Sie kommen zunächst aus der Welt heraus. Sie stehen ja in Weltenzusammenhängen darinnen. Es hat in der Welt ja wirklich viele Gemeinschaften gegeben, die Menschen in sich vereinigt haben, aber niemals ist die zusammenhaltende Kraft von jener Eigentümlichkeit gewesen, die gerade die Michaelischen Kräfte hervorbringen. Dadurch wird eine besondere Lage geschaffen für denjenigen, der aus dem Weltenzusammenhange heraus seinen Weg in die Anthroposophische Gesellschaft findet. Man kann in andere Vereinigungen hineinkommen, konnte immer hineinkommen: es brauchte das Schicksal nicht besonders tief berührt zu werden. In die Anthroposophische Gesellschaft kann man nicht hineinkommen, wenigstens kann man nicht so hineinkommen, daß dieses Hineinkommen ganz ehrlich und die Seele tief ergreifend ist, ohne daß das Schicksal im Wesentlichsten tief beeinflußt ist. Und das wird dann ganz besonders deutlich, wenn man, ich möchte sagen, in der richtigen Visierlinie die Dinge betrachtet.

Nehmen Sie einen Menschen, der eben in die Anthroposophische Gesellschaft oder Bewegung hereinkommt, der vorher irgendwelche Zusammenhänge mit Nichtanthroposophen hatte, oder der sie beibehält. Viel bedeutsamer ist diese Differenz zwischen dem, der drinnen steht, und dem, der draußen steht oder draußen bleibt, als eben sonst in irgendwelchen Gemeinschaften. Zwei Arten von Zusammenhängen sind da. Wir leben nun einmal, dadurch, daß das alles, was ich beschrieben habe, erfüllt ist, in einer Zeit ungeheuer großer Entscheidungen, so daß dieses Nebeneinanderstehen von anthroposophischen und nichtanthroposophischen Menschen heute etwas Entscheidungsvolles ist. Entweder handelt es sich um die Auflösung eines alten Karma für denjenigen, der in der Anthroposophischen Gesellschaft drinnen ist, oder es handelt sich um die Anspinnung eines neuen Karma für den, der nicht drinnen ist. Und das sind große Unterschiede.

Nehmen wir an, ein Anthroposoph steht einem Nichtanthroposophen nahe. Dann kann es sich darum handeln, daß der Anthroposoph zunächst alte karmische Zusammenhänge mit dem Nichtanthroposophen abzumachen hat, oder aber es kann sich um das andere handeln, daß der Nichtanthroposoph karmische Zusammenhänge für die Zukunft mit dem Anthroposophen anzuknüpfen hat. Wenigstens sind diese zwei Fälle die einzigen – verschieden geartet natürlich –, die mir beobachtbar waren; dazwischen ist nichts, nichts ist außer diesen Fällen vorhanden. Daraus geht aber hervor, daß es sich wirklich um eine Zeit großer Entscheidungen handelt: daß sozusagen entweder gewirkt wird auf Nichtanthroposophen in dem Sinne, daß sie zur Michael-Gemeinschaft kommen, oder aber daß so gewirkt wird, daß diejenigen, die nicht zur Michael-Gemeinschaft gehören, von ihr gemieden werden. Das ist die Zeit der großen Entscheidungen, jene große Krisis, von der eigentlich die heiligen Bücher aller Zeiten sprechen und die für unser Zeitalter im Grunde gemeint ist. Denn das eben ist das Eigentümliche der Michael-Impulse, daß sie entscheidend sind und daß sie gerade in unserem Zeitalter entscheidend werden. Die Menschen, die in der gegenwärtigen Inkarnation durch die Anthroposophie die Michael-Impulse aufnehmen, sie bereiten ihr ganzes Wesen dadurch, daß sie die Michael-Impulse aufnehmen, so vor, daß das weit hineingeht in diejenigen Kräfte, die sonst bloß durch Rassen- und Volkszusammenhänge bestimmt sind.

Denken Sie einmal, wie stark man davon sprechen kann: Da ist irgendeiner, der in einem Volkszusammenhang drinnensteht. Man kann ihm ansehen, er ist ein Russe, er ist ein Franzose, er ist ein Engländer, er ist ein Deutscher. Man sieht das dem Menschen an, und man logiert die Menschen so, man versetzt sie in eine Stelle, indem man nachdenkt, wenn man sie sieht, wohin sie gehören können. Man wird es für bedeutsam halten, wenn man einem ansieht, er ist ein Türke, er ist ein Russe und so weiter. Bei denen, die heute mit wirklicher innerer Seelenkraft, mit Herzensimpulsivität Anthroposophie aufnehmen als ihre tiefste Lebenskraft, werden solche Unterscheidungen, wenn sie wiederum zur Erde heruntersteigen, keinen Sinn mehr haben. Man wird sagen: Wo ist denn der her? Der ist nicht von einem Volke, der ist nicht von einer Rasse, der ist, wie wenn er aus allen Rassen und Völkern herausgewachsen wäre.

Sehen Sie, als die letzte Michael-Herrschaft war, zur Alexanderzeit, da handelte es sich darum, das Griechentum kosmopolitisch auszubreiten, überall hinzutragen. Ungeheures ist da geschehen durch den Alexanderzug zur Ausgleichung der Menschen, zur Ausbreitung von etwas Gemeinsamem. Aber das konnte noch nicht so tief greifen, weil ja Michael noch die kosmische Intelligenz verwaltete. Jetzt ist Intelligenz auf der Erde. Jetzt wird das tiefgreifend, jetzt greift es auch ein in das Irdische des Menschen. Das Geistige bereitet sich vor, zum ersten Male rassenbildend zu werden. Und die Zeit wird kommen, wo man nicht mehr wird sagen können: Der Mensch schaut so aus, also gehört er dorthin, er ist ein Türke oder Araber oder ein Engländer oder ein Russe oder ein Deutscher; sondern man wird sagen müssen: Der Mensch war in einem früheren Erdenleben dazu gedrängt, sich nach dem Geistigen im Michaelischen Sinne zu wenden. So daß also unmittelbar physisch-schöpferisch, physisch-gestaltend dasjenige auftritt, was von Michael beeinflußt ist.

Das ist aber dann das, was sich tief, tief hineinsetzt in das Karma des einzelnen. Daher dieses Schicksal derjenigen, die ehrliche Anthroposophen sind: nicht recht fertig werden zu können mit der Welt, und doch die Notwendigkeit, ernst, in vollem Ernst an die Welt heranzugehen.

Ich habe angedeutet, wie diejenigen Menschen, die mit völliger Intensität drinnenstehen in der anthroposophischen Bewegung, am Ende des Jahrhunderts wiederkommen werden, daß sich dann andere mit ihnen vereinigen werden, weil dadurch eben jene Rettung der Erde, der Erdenzivilisation vor dem Verfall letztgültig entschieden werden muß. Das ist, ich möchte sagen, die auf der einen Seite herzbedrückende, auf der anderen Seite herzbewegend-begeisternde Mission der anthroposophischen Bewegung. Auf diese Mission muß hingeschaut werden.

Da ist es durchaus notwendig, daß man als Anthroposoph weiß, daß in dieser Lage für den Anthroposophen das Karma schwerer zu erleben ist als für andere Menschen. Zunächst sind diejenigen Menschen, die in die Anthroposophische Gesellschaft kommen, geradezu prädestiniert, das Karma schwerer zu erleben als andere Menschen. Und geht man vorbei an diesem schweren Erleben, will man sein Karma bequem erleben, dann rächt sich das eben nach irgendeiner Seite hin. Man muß auch im Karma-Erleben Anthroposoph sein können; man muß aufmerksam hinschauen können auf das Karma-Erleben, um richtig Anthroposoph zu sein. Das bequeme Erleben eines Karma, das Wollen, Karma bequem zu erleben, führt dann gerade dazu, daß es sich rächt in physischer Erkrankung, in physischen Unfällen und dergleichen.

Auf diese feineren Zusammenhänge des Lebens muß eben hingesehen werden; dann sieht man mit diesen intimeren Zusammenhängen manches andere. Und es ist die beste Vorbereitung, um geistig wirklich zu sehen, wenn man auf diese intimeren Zusammenhänge des Lebens hinschaut. Es ist nicht ein richtiges Prinzip, in nebuloser Weise allerlei abnorm visionäre Zustände entwickeln zu wollen. Aber es ist ungeheuer wichtig, sich zu befassen mit dem, was intimer in den Schicksalszusammenhängen, die man beobachten kann, vorgeht.

Sehen wir es denn nicht unser Karma werden, meine lieben Freunde, daß wir neben Menschen leben oder gelebt haben, die innerlich absolut verhindert sind, an das Anthroposophische heranzukommen, innerlich verhindert sind, trotz allem und allem, was ihnen vielleicht von uns an Anthroposophie, ich will nicht sagen, entgegengebracht wird, aber entgegengebracht werden könnte, wenn sie es nur hinnehmen wollten? Das sehen wir doch. Das ist etwas, das durchaus zu der großen Entscheidung des gegenwärtigen Lebens gehört. Und es wird dasjenige, was sich da abspielt, karmisch bedeutsam sowohl für den, der dann in die anthroposophische Bewegung kommt, wie für denjenigen, der draußen bleibt; es wird das außerordentlich bedeutsam.

Denn stellen wir uns nun vor, diese Menschen treffen sich in einer zukünftigen Inkarnation wiederum – was uns in zukünftigen Inkarnationen passiert, bereitet sich ja schon in dieser Inkarnation vor –: dann wird dieses Zusammentreffen gerade mit Menschen, zu denen wir so stehen, wie ich es jetzt charakterisiert habe, so, daß es die sonst vorhandene Fremdheit zwischen den Menschen im wesentlichen steigert. Denn Michael wirkt auch bis in physische Sympathien und Antipathien hinein. Aber das alles spielt sich ja schon jetzt vorbereitend ab, es spielt sich schon jetzt für jeden einzelnen Anthroposophen vorbereitend ab. Daher ist es ungeheuer bedeutsam für den Anthroposophen, gerade diese karmischen Verhältnisse ins Auge zu fassen, die sich zwischen ihm und Nichtanthroposophen abspielen. Da spielen sich nämlich Dinge ab, welche hinaufreichen in das nächste Hierarchienreich. Denn sehen Sie, es gibt ja ein Gegenstück zu dem, was ich geschildert habe: daß sogar rassenbildend die Michael-Impulse auftreten; es gibt ein Gegenstück dazu.

Nehmen wir den Fall, daß das Karma so liegt, daß irgendeine Persönlichkeit nun im allereminentesten Sinne von den anthroposophischen Impulsen ergriffen wird, mit Herz und Sinn, ich möchte sagen, mit Geist und Seele ergriffen wird. Dann, ja dann ist etwas notwendig, was ausgesprochen sonderbar, paradox klingt; aber es ist notwendig: dann muß sein Engel etwas lernen. Und das, sehen Sie, ist etwas ungeheuer Bedeutsames. Das Anthroposophenschicksal, das sich abspielt zwischen Anthroposophen und Nichtanthroposophen, das wirft seine Wellen hinein in die Welt der Angeloi. Das führt bis zu einer Scheidung der Geister in der Welt der Angeloi. Der Angelos, der den Anthroposophen begleitet zu den nächsten Inkarnationen, er lernt tiefer noch sich hineinfinden in die geistigen Reiche, als er das früher konnte. Und der Angelos, der dem anderen angehört, der gar nicht hinein kann, sinkt herunter. Und es zeigt sich zuerst an dem Schicksal der Angeloi, wie die große Scheidung geschieht. Es ist jetzt so – und das ist etwas, meine lieben Freunde, worauf ich Ihre Herzen hinweisen möchte –, daß aus einem verhältnismäßig einheitlichen Reich der Angeloi ein zweigeteiltes Reich der Angeloi entsteht, ein Reich der Angeloi mit einem Zug hinauf in höhere Welten und mit einem Zug hinunter in tiefere Welten. Während sich hier auf der Erde die Bildung der Michael-Gemeinschaft vollzieht, können wir schauen über dem, was sich hier als Michael-Gemeinschaft vollzieht, aufsteigende Angeloi (siehe Zeichnung, gelb), absteigende Angeloi (grün).

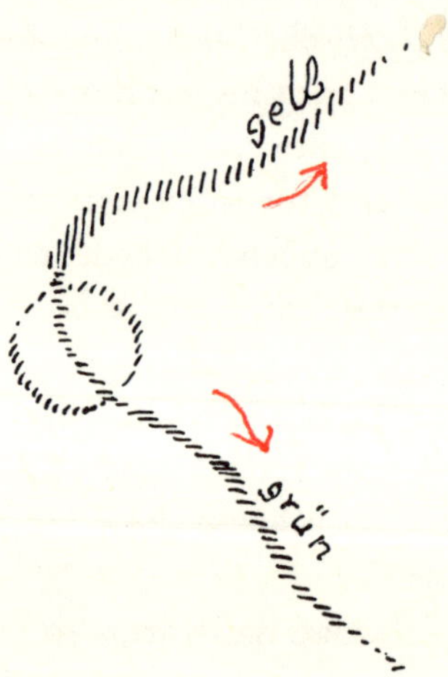

Man kann eigentlich heute, wenn man tiefer hineinschaut in die Welt, diese Strömungen, die so etwas Herzerschütterndes haben, fortdauernd beobachten.

Nun sagte ich: diejenigen, die ins Anthroposophische hineinkommen, zerfallen im wesentlichen in zwei Gruppen. Die eine Gruppe sind solche, die noch Wissen von dem alten Heidnischen hineintragen, und aus dem Heidnischen heraus, ohne daß sie viel Erfahrung haben von jener christlichen Entwickelung, die noch in der Zeit des Kali Yuga vor sich gegangen ist, sich weiterentwickelt haben und nun hineinwachsen in jenes Christentum, das wieder ein kosmisches Christentum sein soll; also heidnisch prädestinierte Seelen, die eigentlich erst jetzt in das Christentum hineinwachsen. Die andere Gruppe sind solche Seelen, die mehr christentummüde [heidentummüde?]* sind, aber das sich nicht gestehen, die von vornherein in die anthroposophische Bewegung wegen des christlichen Charakters hineinwachsen, wobei sie weniger tief hineinwachsen in das, was die anthroposophische Kosmologie, die anthroposophische Anthropologie ist und so weiter, dagegen mehr hereinwachsen in das abstrakt Religiöse. Diese zwei Gruppen sind ja deutlich voneinander unterschieden.

Diejenige Gruppe, welche gewissermaßen noch heidnisch prädestiniert ist, hat die besondere Notwendigkeit, mit aller inneren Intensität die tragenden Kräfte der Anthroposophie zu ergreifen und, sozusagen ohne durch irgendwelche Rücksichten sich ablenken zu lassen, in der Richtung dieser tragenden anthroposophischen Kräfte zu gehen.

Das alles sind ja Dinge, die im Grunde genommen erst recht übergehen müssen in die Herzen; aber sie müssen in die Herzen der Anthroposophen hinein. Dann erst wird ein wirkliches Zusammenleben innerhalb der Anthroposophischen Gesellschaft auf der Grundlage konkreter Anthroposophie möglich sein. Denn wenn gerade die mehr heidnisch gearteten Seelen ihre Kräfte herausbringen, die so vielfach auf der Grundlage der Seelen heute schon in dieser Inkarnation sitzen, die nur bei manchen so schwer heraus wollen –, wenn sie sie herausbringen, dann wird sich ausbreiten über die ganze Anthroposophische Gesellschaft eine Atmosphäre des Vorwärtsdringens ganz im michaelischen Sinne.

Aber dann muß man den Mut haben, gerade in diesen starken Kampf hineinzuschauen, der sich jetzt abspielt zwischen dem, was Michael zur Bewältigung seiner großen Aufgabe unternehmen muß, und dem, was Ahriman fortwährend dagegenstellt. Ahriman hat ja gewisse Tendenzen in der Zivilisationsentwickelung zunächst ergriffen,

* Siehe Hinweis S. 181.

sie in seinen Dienst gestellt. Denken Sie doch nur einmal, daß ja das Ergreifen der Intelligenz durch den Menschen erst recht möglich geworden ist seit dem 15. Jahrhundert, seitdem die Bewußtseinsseele im Menschen sitzt; denn die ist menschliches Eigentum, die kann sich die Intelligenz aneignen. Seit jener Zeit ist ja erst das an die Menschen herangekommen, was sie dazu bringt, so ungeheuer zu pochen auf diese persönlich-wirksame Intelligenz.

Versuchen Sie einmal eine kleine Rechnung, die eigentlich etwas furchtbar Großes umfaßt, aber bloß räumlich Großes, versuchen Sie einmal eine kleine Rechnung zu machen, meine lieben Freunde. Summieren Sie so in Gedanken alles das, was heute in einem Tage von allen Zeitungsschreibern, damit die Zeitungen zustande kommen, gedacht wird auf der ganzen Erde. Bitte, überblicken Sie das. Überblicken Sie diese Summe von Intelligenz, die da aus den Federn herausgekaut wird und aufs Papier kommt, dann gedruckt wird und so weiter. Überblicken Sie das, was da für persönliche Intelligenz durch die Welt flutet!

Und jetzt gehen Sie um ein paar Jahrhunderte zurück, gehen Sie ins 13. Jahrhundert zurück und überblicken Sie, ob da überhaupt so etwas da ist. Es ist überhaupt gar nicht da. Es ist gar nicht die Rede davon, daß es da ist.

Aber ich möchte Ihnen noch eine andere Aufgabe geben. Stellen Sie sich so in Gedanken vor – es ist heute Sonntag, es ist besondere Gelegenheit dazu –, wie viele Versammlungen vom Westen bis zum Osten über politische Angelegenheiten, über Europa, wollen wir zunächst nur sagen, abgehalten werden, wieviel da an persönlicher Intelligenz hinflutet in die Atmosphäre der Erde. Stellen Sie sich das 13. Jahrhundert vor: da ist man ohne das ausgekommen, ohne Zeitungen, ohne diese Versammlungen; das alles war nicht da. Sie haben förmlich, wenn Sie sich ins 13. Jahrhundert versetzen, hinschauend über die Welt, einen ganz freien Blick. Da gibt es keine Zeitungsredaktionen, da sind keine politischen Versammlungen. Das alles ist nicht da, Sie schauen frei durch.

Heute schauen Sie hin, überall fluten die persönlichen Intelligenzwellen auf. Die sind da. Sie können gar nicht durch, es ist eine Luft zum Schneiden, im Geistigen. Gerade so, wie in manchen Sälen, wo jeder aus seiner Pfeife oder Zigarre heraus dampft, die Luft zum Schneiden ist, so ist es da im Geistigen mit der Luft.

Solche Unterschiede muß man ins Auge fassen, wenn man die Aufeinanderfolge der Epochen irgendwie beurteilen will. Wenn Sie Geschichtsschreiber lesen wie den *Ranke,* so merken Sie gar nichts davon, daß es so ist; aber das sind die realen Tatsachen.

Aber all das, was da hereingezogen ist, was ist es denn? Alles das ist geistige Nahrung für die ahrimanischen Mächte. Die haben zunächst die Möglichkeit, gerade auf dieses Gebiet sich zu schlagen. Daher sind immer mächtiger und mächtiger geworden die Möglichkeiten des Eingreifens des Ahriman in die Zivilisation. Solche Geister wie Ahriman sind natürlich nicht dazu da, um im physischen Leibe sich auf der Erde zu verkörpern, aber sie können doch auf Erden wirken; sie können auf der Erde dadurch wirken, daß sie sich zwar nicht inkarnieren, aber inkorporieren nämlich für gewisse Zeiten. Dann, wenn das eintritt, wovon ich gesprochen habe – Trübung des Bewußtseins bei diesem oder jenem Menschen oder Ablenkung des Bewußtseins nur für Zeiten –, bildet der Mensch eine Hülle: Ahriman hat die Möglichkeit, zwar nicht sich zu inkarnieren, aber sich zu inkorporieren, zu wirken mit den Fähigkeiten des Menschen aus dem Menschen heraus.

Es wird meine Aufgabe sein, gerade über dieses Hereinwirken des Ahrimanischen zu sprechen. Und ich möchte dann zeigen, inwiefern zum Beispiel Ahriman sogar als Schriftsteller aufgetreten ist im Laufe der neueren Zeit, um auf das hinzuweisen, was beobachtet werden muß von denjenigen, die heute Realitäten beobachten wollen.

ZEHNTER VORTRAG

Dornach, 4. August 1924

Was als Empfindung hervorgerufen werden sollte, das ist, daß der einzelne innerhalb der anthroposophischen Bewegung Befindliche etwas verspürt von der eigentümlichen karmischen Stellung, welche gerade der Drang zur anthroposophischen Sache dem Menschen gibt. Wir müssen uns ja gestehen, daß im gewöhnlichen Lebenszusammenhange der Mensch wenig von seinem Karma verspürt, und daß er sich dem Leben so gegenüberstellt, als wenn eben aus zufälligen Verkettungen heraus die Dinge geschehen würden, die zu Erlebnissen für ihn werden. Daß in dem, was uns im Erdenleben begegnet von der Geburt bis zum Tode, eben der schicksalsgemäß-karmische Zusammenhang ist, das wird wenig beachtet. Und wenn es beachtet wird, dann glaubt man alsogleich, es drücke sich darinnen irgend etwas Fatalistisches aus, es drücke sich etwas aus, was die menschliche Freiheit in Frage stelle und dergleichen.

Ich habe öfter davon gesprochen, daß gerade das intensive Durchschauen der karmischen Zusammenhänge das Wesen der Freiheit erst ins rechte Licht stellt. Und so brauchen wir auch nicht, wenn wir genauer die karmischen Zusammenhänge ins Auge fassen, zu fürchten, daß uns dadurch ein unbefangener Einblick in das Freiheitswesen des Menschen verlorengehen könne. Ich habe Ihnen die Dinge geschildert, welche sowohl mit früheren Erdenleben derjenigen, die in die Michael-Gemeinschaft hereinkommen, zusammenhängen wie auch mit dem Leben zwischen dem Tod und einer neuen Geburt. Sie sehen daraus, daß es bei solchen Menschen, also im Grunde genommen bei Ihnen allen, karmisch darauf ankommt, daß das Geistige eine große, eine bedeutungsvolle Rolle spielt in dem ganzen inneren Gefüge der Seele.

In unserer heutigen materialistischen Zeit kann ja eigentlich aus allen Erziehungs- und Lebensverhältnissen heraus ein Mensch zu so etwas wie zur Anthroposophie ehrlich nur dadurch kommen – sonst ist eben sein Kommen unehrlich –, daß er einen karmischen Impuls in sich hat, der ihn zum Geistigen treibt. Dieser karmische Impuls ist die Zusammenfassung alles dessen, was in der Weise durchgemacht worden ist vor dem Herabstieg in dieses Erdenleben, wie ich es geschildert habe.

Das aber, daß der Mensch so stark verbunden ist mit geistigen Impulsen, die direkt auf seine Seele wirken, das bringt ihn dazu, in einer weniger intensiven Art, als dies bei anderen Menschen der Fall ist, beim Herabsteigen aus den geistigen in die physischen Welten sich hineinzufügen in die äußere Körperlichkeit. Man möchte sagen: Allen denen, die in der geschilderten Weise in die Michael-Strömung sich hineinlebten, war es vorgesetzt, mit einer gewissen Reserve in den physischen Leib hineinzugehen. Und das liegt durchaus auf dem Grunde des Karma der Anthroposophenseelen.

Bei denjenigen, die heute aus einem inneren Drange sich ganz bewußt und ängstlich fernhalten von dem Anthroposophischen, bei denen findet man überall ein volles Festsitzen in der physischen Körperlichkeit. Bei denen, die sich heute zu jenem geistigen Leben hinwenden, das die Anthroposophie geben will, findet man ein loseres Verhältnis wenigstens des Astralleibes und der Ich-Organisation gegenüber der physischen und der Ätherorganisation.

Das aber bedingt, daß der Mensch dann weniger leicht mit dem Leben fertig wird, einfach deshalb, weil er zwischen mehr Möglichkeiten zu wählen hat als andere, weil er leicht herauswächst aus dem, in das andere hineinwachsen. Bedenken Sie nur, wie stark mancher Mensch heute dasjenige ist, was er durch die äußeren Lebenszusammenhänge geworden ist, und es ist so, daß eigentlich, man möchte sagen, trotzdem es manchmal in einer merkwürdigen Weise der Fall ist, gar kein Zweifel aufkommen kann, daß er hineinpaßt in die Zusammenhänge. Man sieht einen Beamten, einen Kommerzienrat, einen Bauführer, einen Fabrikanten und so weiter: sie sind das, was sie sind, mit absoluter Selbstverständlichkeit. Gewiß, auch unter ihnen kommt es vor, daß sie sagen: Es scheint, als ob ich zu was Besserem geboren wäre oder wenigstens zu etwas anderem –; aber es ist dann nicht so ernst gemeint. Vergleichen Sie damit die unendlichen Schwierigkeiten, die da vorliegen bei denjenigen, die durch ihren inneren Drang in die Spiritualität der Anthroposophie hereingetrieben werden. Vielleicht bei nichts anderem zeigt sich das so eklatant, so merkwürdig intensiv wie gerade bei der Jugend, und zwar bei der jüngsten Jugend.

Sehen Sie, wenn man namentlich die älteren Waldorfschüler nimmt, diejenigen, die in den höheren Klassen der Waldorfschule sind, so findet man sowohl bei männlichen wie bei weiblichen Schülern, daß sie in ihrem geistig-seelischen Entwickelungswege verhältnismäßig rasch fortschreiten, daß es aber dadurch selbst schon diesen jungen Leuten nicht leichter, sondern vielfach schwerer, weil komplizierter, wird, das Leben innerlich zu ergreifen. Die Möglichkeiten werden weitere, die Möglichkeiten werden größere. Und während es sonst im gewöhnlichen Gange des heutigen Lebens keine allzu große Aufgabe ist – gewisse Ausnahmen abgerechnet – für diejenigen, die als Erzieher, als Lehrer der aufwachsenden Jugend zur Seite stehen, Mittel und Wege zu finden, um in richtiger Weise zu raten, wird das Raten gerade dann schwerer, wenn man so wie in der Waldorfschule die Kinder vorwärtsbringt, weil das Allgemein-Menschliche mehr hervortritt, weil die Weite des Gesichtskreises, die angeeignet wird, eben eine größere Summe von Möglichkeiten vor das Seelenauge stellt.

Daher ist es ja für Waldorflehrer, nachdem sie durch ihr Karma zu diesem Berufe geführt wurden, so notwendig, ihrerseits Weite des Gesichtskreises, Welterkenntnis, Weltempfinden, Weite des Blickes sich anzueignen. Alle pädagogischen Maßregeln in den Details sind ja viel weniger wichtig an dieser Stelle als eben die Weite des Blickes. Und man kann schon sagen: An so etwas wie dem Karma eines solchen Lehrers zeigt es sich auch wiederum, wie die Summe der Möglichkeiten eine große wird, eine viel größere wird als sonst. Solch ein junger Mensch oder ein Kind gibt nicht bestimmte, sondern mannigfaltige, nach allen Seiten hin differenzierte Rätsel dem Lehrer auf. Für alles das, was da eigentlich vorliegt an karmischen Vorbedingungen, die zur Anthroposophie hindrängen, kann man am besten ein Verständnis hervorrufen, wenn man nicht pedantisch konturiert spricht, sondern wenn man solche Dinge mehr andeutet und mehr die Atmosphäre charakterisiert, in der Anthroposophen sich ausleben und sich entwickeln.

Das alles aber macht notwendig, daß der Anthroposoph eine Vorbedingung beachtet, eine besonders bei ihm stark entwickelte Vorbedingung seines Karma. Man kann das Verschiedenste angeben, und wir werden noch Mannigfaltiges angeben über die Gründe, warum der eine oder der andere Charakter, das eine oder das andere Temperament aus denjenigen Ereignissen der geistigen Welt heraus, die ich angeführt habe, zur Anthroposophie getrieben wird; aber alle diese Triebe, die da die einzelnen Anthroposophen zur Anthroposophie treiben, haben etwas wie ein Gegenbild, das stärker gemalt ist vom Weltengeiste, als es bei anderen Menschen der Fall ist.

Es erfordert alles das, was da als viele Möglichkeiten in bezug auf die mannigfaltigsten Lebensdinge da ist, von den Anthroposophen Initiative, innere Initiative des seelischen Lebens. Und bekanntmachen muß man sich damit, daß für den Anthroposophen etwa der folgende Satz gilt, daß der Anthroposoph sich sagen muß: Bin ich nun einmal durch mein Karma Anthroposoph geworden, so verlangt dasjenige, was mich hat treiben können zur Anthroposophie, daß ich achtgebe, wie in meiner Seele – irgendwie mehr oder weniger tief – die Notwendigkeit erscheint, im Leben Seeleninitiative zu finden, aus dem Innersten des eigenen Wesens heraus etwas beginnen zu können, etwas beurteilen zu können, etwas entscheiden zu können.

Das ist im Karma eines jeden Anthroposophen eigentlich geschrieben: Werde ein Mensch mit Initiative, und siehe nach, wenn du aus Hindernissen deines Körpers oder aus Hindernissen, die sich dir sonst entgegenstellen, den Mittelpunkt deines Wesens mit der Initiative nicht findest, wie im Grunde genommen Leiden und Freuden bei dir von diesem Finden oder Nichtfinden der persönlichen Initiative abhängen! – Das ist etwas, was wie mit goldenen Buchstaben immer vor der Seele des Anthroposophen stehen sollte, daß er Initiative in seinem Karma liegend hat, und daß vieles von dem, was ihm im Leben begegnet, davon abhängt, inwieferne er sich dieser Initiative willentlich bewußt werden kann.

Bedenken Sie, daß damit eigentlich außerordentlich viel gesagt ist; denn zugleich ist ja in der Gegenwart außerordentlich viel Beirrendes in bezug auf alles das, was das Urteilen lenken und leiten kann. Und ohne ein klares Urteilen über die Verhältnisse des Lebens windet sich die Initiative nicht aus den Untergründen der Seele heraus. Aber was bringt uns denn zu einem klaren Urteilen über das Leben, gerade in der Gegenwart?

Nun, meine lieben Freunde, wollen wir einmal einen der wichtigsten Charakterzüge unserer Zeit ins Auge fassen, und wollen wir uns einmal die Frage beantworten, wie wir gegenüber einem der wichtigsten Charakterzüge unseres gegenwärtigen Lebens zu einer gewissen Klarheit kommen können. Sie werden sehen: bei dem, was ich jetzt sagen werde, handelt es sich um so etwas wie das Ei des Kolumbus. Aber beim Ei des Kolumbus handelt es sich darum, daß einem einfällt, wie man es aufstellt, damit es stehen bleibt, und auch bei dem, was ich jetzt besprechen werde, wird es sich darum handeln, daß einem die Sache einfällt.

Wir leben in der Zeit des Materialismus. Dasjenige, was schicksalsmäßig sich um uns, in uns abspielt, steht ja alles im Zeichen dieses Materialismus auf der einen Seite und des zunächst überallhin verstreuten Intellektualismus auf der anderen Seite. Ich habe diesen Intellektualismus gestern charakterisiert an dem Journalismus und an dem Drang, überall in Volksversammlungen die Angelegenheiten der Welt zu entwickeln. Man muß sich bewußt werden, wie stark heute unter dem Einflusse dieser beiden Zeitenströmungen der Mensch steht. Denn es ist fast so unmöglich, sich diesen Zeitströmungen des Intellektualismus und des Materialismus zu entziehen, wie es unmöglich ist, ohne Regenschirm, wenn es regnet, nicht naß zu werden. Es ist eben überall um uns herum da.

Denken Sie doch nur einmal: Wir können doch einfach gewisse Dinge nicht wissen, die wir wissen sollen, wenn wir sie nicht in der Zeitung lesen; wir können gewisse Dinge nicht lernen, die wir lernen sollen, wenn wir sie nicht im Sinne des Materialismus lernen. Wie soll heute einer Arzt werden, wenn er nicht den Materialismus dabei «verzehren» will! Er kann ja nicht anders, als den Materialismus mitnehmen; er muß es selbstverständlich tun. Und wenn er eben nicht den Materialismus mitnehmen will, so kann er im Sinne der heutigen Zeit nicht ein wirklicher Arzt werden. Also wir sind ja dem fortwährend ausgesetzt. Das aber spielt doch in das Karma ungewöhnlich stark herein.

Aber das alles ist ja wie dazu geschaffen, Initiative in den Seelen zu untergraben! Jede Volksversammlung, in die man geht, sie hat ja als Volksversammlung nur einen Zweck, die Initiative der einzelnen Menschen, mit Ausnahme derjenigen, die da reden und Führer sind, zu untergraben. Jede Zeitung kann ihre Aufgabe nur erfüllen, wenn sie «Stimmung» macht, wenn sie also die Initiative des einzelnen untergräbt.

Auf diese Dinge muß hingesehen werden, und man muß sich bewußt werden, daß ja im Grunde das, was der Mensch als sein gewöhnliches Bewußtsein hat, ein sehr kleines Kämmerchen ist. Alles, was in der Weise, wie ich es eben geschildert habe, um den Menschen herum vorgeht, hat auf das Unterbewußte einen riesigen Einfluß. Und schließlich, es bleibt uns nichts anderes übrig als, wenn ich mich so ausdrücken darf, außer dem, daß wir Menschen sind, auch Zeitgenossen zu sein. Manche glauben, man könnte «nur Mensch» sein in irgendeinem Zeitalter, aber das führt auch ins Verderben, man muß schon auch Zeitgenosse sein. Es ist ja natürlich übel, wenn man nichts anderes ist als Zeitgenosse, aber man muß schon auch Zeitgenosse sein, das heißt, man muß eine Empfindung haben für dasjenige, was in der Zeit geschieht.

Nun werden allerdings gerade manche Anthroposophengemüter herausgerissen aus einer lebendigen Empfindung für das, was in der Zeit ist, indem sie gerne im Zeitlosen plätschern wollen. In dieser Beziehung kann man ja die sonderbarsten Erlebnisse haben in Gesprächen mit Anthroposophen. Sie wissen zum Beispiel ganz gut, wer Lykurg war, aber sie können zuweilen von einer Unbekanntschaft mit den Zeitgenossen erscheinen, die einfach rührend ist.

Das kommt eben davon, daß – weil die Anlage zur Initiative da ist – der Mensch, der eben so veranlagt ist und so durch sein Karma in die Welt hineingestellt ist, eigentlich immer – verzeihen Sie den Vergleich – wie eine Biene ist, die einen Stachel hat, aber die sich fürchtet zu stechen in dem entsprechenden Moment. Die Initiative ist der Stachel; aber man fürchtet sich zu stechen. Man fürchtet sich namentlich, in das Ahrimanische hineinzustechen. Man fürchtet nicht, daß das Ahrimanische dadurch irgendwie beschädigt wird, aber man fürchtet, daß der Stachel stößt und zurückgeht und einem dann selber in den

Leib dringt. So ungefähr ist die Furcht geartet. Und so bleibt die Initiative aus einer allgemeinen Lebensfurcht zurück. Diese Dinge muß man nur durchschauen.

Indem wir so überall theoretisch und praktisch auf den Materialismus aufstoßen und der Materialismus mächtig ist, werden wir beirrt in unserer Initiative. Und hat ein Anthroposoph Sinn dafür, so wird er überall bis in die intensivsten Impulse seines Willens hinein durch den theoretischen und praktischen Materialismus beirrt, zurückgestoßen. Das aber gestaltet in einer eigentümlichen Weise das Karma. Und wenn Sie recht sich selbst beobachten, so erfahren Sie etwas darüber in Ihrem Leben vom Morgen bis zum Abend. Und daraus muß dann das allgemeine Gefühl entstehen: Wie beweise ich theoretisch und praktisch dem Materialismus seine Falschheit? – Und das ist ja der Drang, der nun in sehr vielen Anthroposophengemütern ist, irgendwie dem Materialismus die Falschheit zu beweisen. Das ist das Lebensrätsel, das vielen von uns theoretisch und praktisch aufgegeben ist: Wie kommt man damit zurecht, dem Materialismus die Falschheit zu beweisen?

Der eine, der eine Schule durchgemacht hat, ein Gelehrter geworden ist – exempla sind in der Anthroposophischen Gesellschaft durchaus da –, fühlt, wenn er dann anthroposophisch aufgewacht ist, ungeheuer den Drang, den Materialismus zu widerlegen, den Materialismus zu bekämpfen, alles mögliche gegen den Materialismus zu sagen. Nun fängt er an, den Materialismus zu bekämpfen, zu widerlegen, glaubt vielleicht gerade dadurch, so recht in der Michaelischen Strömung drinnen zu sein. Ja, meistens gelingt das schlecht, und man kann schon sagen: Diejenigen Dinge, die gesagt werden gegen den Materialismus, sie werden ja sehr häufig aus sehr gutem Willen heraus gesagt, aber sie gelingen eigentlich nicht; sie machen keinen Eindruck auf diejenigen, die eben Materialisten in theoretischer oder praktischer Beziehung sind. Warum das? Das ist gerade dasjenige, was Klarheit des Urteils verhindert.

Da steht nun der Anthroposoph und will, um nicht stecken zu bleiben mit seiner Initiative, Klarheit haben über das, was ihm an den Materialisten entgegentritt. Er will die Unrichtigkeit des Materialismus in allen Hintergründen finden, und er findet in der Regel nicht viel. Er glaubt, den Materialismus zu widerlegen – aber der steht immer wieder auf. Woher kommt das?

Jetzt kommt eben das, was, ich möchte sagen, das Ei des Kolumbus ist. Woher kommt das, meine lieben Freunde?

Sehen Sie, es kommt daher, daß der Materialismus eben wahr ist – was ich schon öfter gesagt habe –, daß der Materialismus nicht unrecht hat, sondern recht hat! Davon kommt es. Und der Anthroposoph sollte auf eine besondere Art lernen, daß der Materialismus recht hat. Er sollte es nämlich auf die Weise lernen: daß der Materialismus recht hat, aber nur für die physische Leiblichkeit gilt. Die anderen Menschen, die Materialisten sind, die kennen nur die physische Leiblichkeit, oder glauben sie wenigstens zu kennen. Das ist der Irrtum, nicht im Materialismus liegt der Irrtum. Wenn man auf materialistische Art Anatomie, Physiologie oder das praktische Leben kennenlernt, so lernt man die Wahrheit kennen, aber sie gilt nur für das Physische. Und dieses Geständnis muß ganz aus dem Innersten des Menschenwesens heraus gemacht werden: daß der Materialismus recht hat auf seinem Gebiete, und daß es gerade das Glänzende der neueren Zeit ist, das Richtige auf dem Gebiete des Materialismus gefunden zu haben. Aber die Sache hat eben ihre praktische Seite, ihre praktisch-karmische Seite.

Nun kann für den Anthroposophen in seinem Karma das eintreffen, daß er zu der Empfindung kommt: Da lebe ich mit solchen Menschen, mit denen mich sogar das Karma zusammengebracht hat – ich habe gestern davon gesprochen –, da lebe ich mit Menschen zusammen, die nur den Materialismus kennen, die nur das Richtige über das physische Leben wissen; sie kommen nicht an die Anthroposophie heran, weil sie gerade durch die Richtigkeit dessen, was sie wissen, beirrt werden.

Nun leben wir heute, in der Michaelzeit, mit der Seele in der dem Michael entfallenen Intellektualität. Als Michael selber die kosmische Intelligenz verwaltete, da waren die Sachen anders. Da riß die kosmische Intelligenz aus dem, was als Materialismus da war, die Seele immer wieder los. Es hat natürlich auch in anderen Zeitaltern Materialisten gegeben, aber nicht so wie in unserem Zeitalter. In anderen Zeitaltern war einer Materialist: er war eingepflanzt mit seinem Ich,

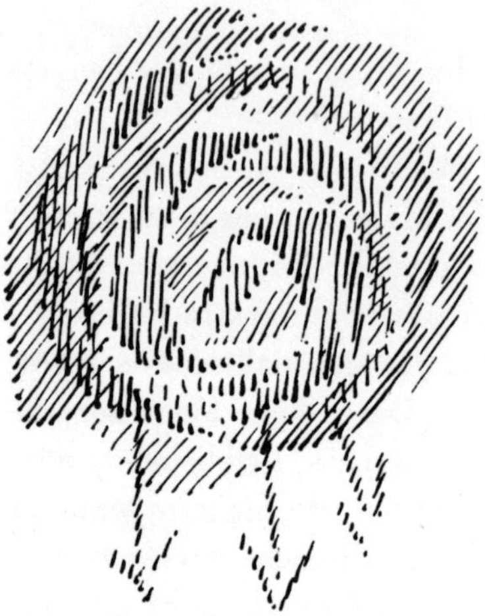

mit seinem astralischen Leib in seinen physischen und Ätherleib, er fühlte seinen physischen Leib (siehe Zeichnung rechts, hell). Aber dasjenige, was Michael verwaltete als kosmische Intelligenz, riß die Seele wiederum los (gelb). Heute leben wir neben Menschen, sind oftmals karmisch mit ihnen verbunden, in denen die Sache so ist: Sie haben den physischen Leib; aber weil die kosmische Intelligenz dem Michael entfallen ist und sozusagen in den Menschen individuell, persönlich lebt, bleibt das Ich, das ganze Geistig-Seelische, im physischen Leibe darinnen (siehe Zeichnung links). Sie stehen neben uns, indem tief untergetaucht ist in ihren physischen Leib ihr Geistig-Seelisches. So müssen wir es aber der Wahrheit gemäß anschauen, wenn wir neben nichtspirituellen Menschen stehen. Und es darf nicht bloß dieses Stehen neben nichtspirituellen Menschen Sympathie und Antipathie im gewöhnlichen Sinne hervorrufen, sondern es muß etwas Erschütterndes haben. Und es kann etwas Erschütterndes haben, meine lieben Freunde! Und wenn man das Erschütternde des in diesem Sinne neben richtigen Materialisten Stehens haben will, dann muß man auf diejenigen Materialisten hinsehen, die oftmals hochbegabt sind, die auch aus gewissen Instinkten heraus ganz gute Triebe haben mögen, die aber nicht zur Spiritualität kommen können.

Das Erschütternde nimmt man dann wahr, wenn man gerade die großen Begabungen, die edlen menschlichen Eigenschaften unter den Materialisten ins Auge faßt. Denn davon kann doch keine Rede sein, daß derjenige, der heute in der Zeit der großen Entscheidungen sich nicht an den Spiritualismus heranfindet, dadurch nicht Schaden an seinem Seelenleben nimmt in die nächsten Inkarnationen hinein. Das nimmt er doch. Und wir sollten eigentlich – neben dieser Erscheinung, daß heute durch ihr Karma eine Anzahl von Menschen einen inneren Drang zur Spiritualität haben, andere nicht herankönnen an diese Spiritualität –, wir sollten an der Anschauung dieses Gegensatzes, an dem karmischen Zusammenleben mit solchen Menschen, wie ich sie charakterisiert habe, etwas tief Erschütterndes, etwas tief unsere Seele Berührendes finden. Dann erst kommen wir mit unserem eigenen Karma zurecht und sonst nicht. Denn wenn wir alles das zusammennehmen, was ich gerade über den, wenn ich es jetzt so nennen darf, Michaelismus gesagt habe, dann werden wir finden: die «Michaeliten» sind ja durchaus ergriffen in ihrer Seele von einer Kraft, die bis in den ganzen Menschen, auch ins Physische hinein, vom Geistigen aus wirken will.

Ich habe es gestern so charakterisiert, daß ich sagte: Diese Menschen, sie streifen ab das Rassische, dasjenige, das aus dem natürlichen Dasein heraus dem Menschen ein Gepräge gibt, so daß er der oder jener Mensch ist. Und indem der Mensch in dieser Erdeninkarnation, in der er jetzt hier Anthroposoph wird, vom Spirituellen ergriffen wird, wird er vorbereitet dazu, eben nicht mehr nach solchen äußeren Merkmalen, sondern so, wie er in seiner jetzigen Inkarnation war, zu sein. Es wird einmal der Geist an diesen Menschen zeigen – seien wir uns dessen in aller Bescheidenheit bewußt –, wie er physiognomiebildend sein kann, menschengestaltend sein kann.

Das ist bisher noch niemals in der Weltgeschichte gezeigt worden. Bisher haben die Menschen aus ihren Volksuntergründen, aus dem Physischen heraus ihre Physiognomien gebildet. Wir können heute noch an den Physiognomien der Menschen, besonders wenn sie jung sind, wenn sie noch nicht durchfurcht sind von den Sorgen des Lebens oder von den Freuden und Erhebungen, den göttlichen Seiten des Lebens, angeben, woher sie stammen. Man wird einmal Menschen haben, an deren Physiognomie man nur wird angeben können, wie sie in der vorigen Inkarnation gewesen sind, indem sie da zur Spiritualität vorgedrungen sind. Dann werden die anderen neben ihnen stehen – und was wird dann das Karma noch bedeuten? Dann wird das Karma die gewöhnlichen karmischen Affinitäten abgestreift haben.

In dieser Beziehung wird Ihnen gerade derjenige, der das Leben ernst zu nehmen versteht, sagen können: Karmisch verbunden war man mit vielen, oder ist es noch, die nicht in die Spiritualität hereinkommen können. Und neben vielleicht mancher Lebensverwandtschaft fühlt man doch eine tiefe Befremdetheit, in ganz berechtigter Weise eine tiefe Befremdetheit: es fällt der karmische Zusammenhang, der sich sonst im Leben abspielt, ab, er geht weg. Und es bleibt, möchte ich sagen, zwischen jemandem, der da draußen im Felde des Materialismus steht, und einem Menschen, der im Felde der Spiritualität steht, nichts anderes mehr karmisch übrig – aber das bleibt übrig –, als daß er ihn anschauen muß, daß er besonders aufmerksam wird auf ihn. Und auf eine Zeit in der Zukunft können wir hinschauen, wo diejenigen, die immer mehr und mehr im Laufe des 20. Jahrhunderts in die Spiritualität hineinkommen, neben anderen stehen, die mit ihnen im früheren Erdenleben karmisch verbunden gelebt haben. Karmische Affinitäten, karmische Verwandtschaften machen sich in dieser Zukunft wenig mehr geltend; aber dasjenige, was aus den karmischen Verwandtschaften geblieben ist, das ist, daß sie, die im Felde des Materialismus Stehenden, hinsehen müssen auf die im Felde der Spiritualität Stehenden. Die heutigen Materialisten werden auf die heutigen Spiritualisten in der Zukunft hinschauen müssen. Das wird vom Karma geblieben sein.

Wiederum eine erschütternde Tatsache, meine lieben Freunde! Und wozu das? Oh, das ruht in einem weisen göttlichen Weltenplane. Wodurch lassen sich Materialisten heute etwas beweisen? Dadurch, daß sie es vor Augen haben, dadurch, daß sie es mit Händen greifen können. Die im Felde des Materialismus Stehenden werden mit Augen sehen, werden mit Händen greifen können an denjenigen, mit denen sie früher karmisch verbunden waren, an der Physiognomie, an dem ganzen Ausdrucke, was der Geist ist; denn er wurde jetzt physiognomisch schaffend. So wird für Augen bewiesen, am Menschen bewiesen werden, wie der Geist schaffend in der Welt ist. Und es wird zum Karma der Anthroposophen gehören, daß sie denen, die heute im Felde des Materialismus stehen, demonstrieren werden, daß es Geist gibt, und daß der Geist am Menschen selber durch die Ratschlüsse der Götter sich demonstriert.

Gerade aber, um dahin zu kommen, ist es notwendig, daß wir nicht in unklarem, nebulosem Treiben dem Intellektualismus gegenüberstehen, daß wir nicht ohne Regenschirm ausgehen. Ich meine jetzt: Wir sind dem, was ich als die zwei Strömungen, die Redereien und die Schreibereien, bezeichnet habe, ja ausgesetzt. Ich sagte: wie man naß wird, wenn man ohne Regenschirm ausgeht beim Regen, so kommt eben auch das über den Menschen – wir können ja nicht anders. Im «zartesten Kindesalter», wenn wir zwanzig bis vierundzwanzig Jahre alt sind, da müssen wir in materialistischen Werken dasjenige studieren – was wir schon einmal studieren müssen. Ja, in diesem zarten Kindesalter von zwanzig bis vierundzwanzig Jahren, da ist es ja nun wirklich so, daß wir, wenn wir die Dinge studieren, noch durchaus innerlich für den Materialismus präpariert werden, aus der Satzfügung, aus der plastischen Gestaltung der Sätze heraus. Wir können uns dagegen wehren, es macht nichts aus, wir werden dennoch präpariert dadurch.

Da ist es eben notwendig, nicht bloß mit Formalien zu kommen. Man kann heute einen Menschen nicht davor retten, dem intellektualistischen Materialismus ausgesetzt zu sein. Denn würde man heute über Botanik oder über Anatomie nicht materialistische Bücher schreiben: es würde nicht gehen, der Lebenszusammenhang gestattet es nicht. Aber es handelt sich darum, daß man diese Dinge nicht im Formalen bloß ergreift, sondern daß man sie in der Realität ergreift. Da muß man verstehen, daß, weil Michael nicht wie früher das Seelisch-Geistige aus dem Physisch-Leiblichen herauszieht, Ahriman sein Spiel hat mit dem in der Leiblichkeit befindlichen Seelisch-Geistigen. Und gerade dann, wenn dieses Seelisch-Geistige begabt ist, aber doch in der

Leiblichkeit drunten steckt, dann wird es Ahriman ganz besonders nahen, dann kann es Ahriman ganz besonders ausgesetzt sein. Und gerade an den begabtesten Menschen findet Ahriman seine Beute, um die Intelligenz dem Michael zu entreißen, sie wegzubringen von Michael. Da tritt eben nun das ein, was in unserer Zeit eine viel größere Rolle spielt, als man gewöhnlich glaubt. Inkarnieren können sich die ahrimanischen Geister nicht, aber inkorporieren, zeitweilig menschliche Seelen durchdringen, menschliche Körper durchsetzen. Dann ist der brillante, der glänzende, der überragende Geist einer ahrimanischen Intelligenz stärker als das, was im einzelnen Menschen ist, viel, viel stärker. Dann mag der einzelne Mensch noch so intelligent sein, dann mag der einzelne Mensch noch soviel gelernt haben: Wenn ganz und gar ergriffen ist der physische Körper von diesem Gelernthaben, kann ein ahrimanischer Geist sich für Zeiten in ihm inkorporieren. Dann ist es Ahriman, der ihm aus den Augen schaut, es ist Ahriman, der ihm die Finger bewegt, dann ist es Ahriman, der sich schneuzt, dann ist es Ahriman, der geht.

Anthroposophen dürfen nicht zurückschrecken vor solchen Erkenntnissen. Denn das allein kann den Intellektualismus in seiner Realität vor die Seele bringen. Ahriman ist eine große, eine überragende Intelligenz, und Ahriman möchte mit der Erdenentwickelung ein Durchdringendes erreichen. Er benützt jede Gelegenheit, wo irgendwie sich die Geistigkeit so in das Leibliche eines Menschen hineinversetzt, daß das Leibliche stark erfaßt wird, daß das Bewußtsein in einer gewissen Weise hinuntergedämmert wird durch dieses starke Erfassen des Leibes vom Geiste. Und da tritt es ein – es ist in unserer Zeit eben möglich geworden –, daß ein glänzender Geist in einem Menschen sitzt, aber die menschliche Persönlichkeit überragt. Dann kann ein solcher Geist, der in einer menschlichen Persönlichkeit ist und diese menschliche Persönlichkeit überragt, auf Erden wirken, wirken, wie Menschen wirken.

Darnach strebt Ahriman zunächst, stark strebt er darnach. Ich habe Ihnen gesagt von dem Wiedererscheinen derer auf Erden, die jetzt an die Spiritualität herankommen, die es ganz ehrlich und intensiv meinen; das wird am Ende des Jahrhunderts sein. Aber gerade diese Zeit möchten die Ahrimangeister am stärksten benützen, weil die Menschen von dem Intelligenten, das sie befallen hat, so befangen sind, weil die Menschen so unglaublich gescheit sind. Man hat ja schon Angst heute, einen gescheiten Menschen zu finden! Aber man muß diese Angst fortwährend haben, denn fast alle sind gescheit, so daß man aus der Angst über die Gescheitheit der Menschen gar nicht herauskommt. Und es ist so, daß diese Gescheitheit, die herangezüchtet wird, benützt wird von Ahriman. Wenn nun die Körper auch noch besonders dazu geeignet sind, daß das Bewußtsein heruntergetrübt werden kann, dann geschieht es eben, daß Ahriman selber in Menschengestalt inkorporiert auftritt. Nachweislich ist Ahriman bereits zweimal als Schriftsteller aufgetreten in dieser Weise. Für denjenigen, der das Leben als Anthroposoph klar und scharf ins Auge fassen will, wird es sich eben durchaus darum handeln, auch in diesem Falle keine Verwechslungen zu begehen.

Denn, was nützt es schon, meine lieben Freunde, wenn einer irgendwo ein Buch erscheinen läßt und seinen Namen darauf schreibt und er gar nicht der Verfasser ist? Man verwechselt dann den wahren Verfasser mit einem anderen. Wenn Ahriman der Verfasser irgendeines Buches ist, wie sollte es denn zum Heile ausschlagen, wenn man nicht darauf kommt, wer der wirkliche Verfasser ist, wenn man einen Menschen für den Verfasser hält, während es Ahriman ist, der sich durch seine glänzende Gabe so hineinfindet in alles, daß er sich verwandeln kann in den Stil eines Menschen! Wie kann es zum Heile ausschlagen, wenn Ahriman der Schriftsteller ist und man das mit menschlichem Werke verwechselt? Auf diesem Gebiete sich Unterscheidungsvermögen aneignen, das ist dasjenige, was so restlos notwendig ist, meine lieben Freunde.

Dazu wollte ich zunächst führen, um im allgemeinen auf eine Erscheinung, die in unserem Zeitalter spielt, hinzuweisen. Im Vortrage am nächsten Freitag werde ich dann noch genauer auf solche Erscheinungen eingehen.

ELFTER VORTRAG

Dornach, 8. August 1924

Durch lange Zeiten haben wir gesprochen von karmischen Verhältnissen, die zusammenhängen mit der anthroposophischen Bewegung, mit der Anthroposophischen Gesellschaft, mit den einzelnen Persönlichkeiten, die innerlich ehrlich den Drang fühlen, ihren Lebensweg innerhalb der anthroposophischen Bewegung zu machen. Und obgleich vieles über die karmischen Verhältnisse nach dieser Richtung noch nach der Rückkunft von England zu sagen sein wird, möchte ich doch gerade heute als in der letzten Stunde vor der Abreise nach England – einer Reise, die ja den ganzen Rest des August hin dauern wird –, als eine Art von Abschluß einiges vorbringen, das geeignet sein wird, die Gedanken, die ich Ihnen mitteilen durfte in diesen karmischen Betrachtungen, etwas zu runden.

Sie alle haben ja bemerkt, meine lieben Freunde, wie das Karma des einzelnen Anthroposophen mannigfaltige Formen der Gestaltung in früheren Erdenleben und zwischen dem Tod und einer neuen Geburt durchgemacht hat. Und wir haben insbesondere in den beiden letzten Stunden schon Andeutungen machen können, welche Bedeutung das für das Karma des einzelnen Anthroposophen haben kann. Wir haben gesehen, daß dieses Karma des Anthroposophen zusammenhängt mit der ganzen Entwickelung, welche das Michael-Prinzip durch lange, lange Zeiträume durchgemacht hat. Wir haben gesehen, zunächst in mehr abstrakter Art, wie entfallen ist der Michael-Herrschaft dasjenige, was genannt werden konnte die Verwaltung der kosmischen Intelligenz. Es war ja durchaus so in älteren Zeiten, daß die Menschen, wie ich sagte, sich nicht selber zuschrieben das intelligente Wesen, sondern daß sie alles, was sie in intelligenten Formen äußerten, herleiteten aus der Inspiration höherer Mächte. Und die Kundigen auf diesem Gebiet wußten, daß es diejenigen höheren Mächte waren, die dann in christlicher Terminologie eben als die Michael-Mächte bezeichnet wurden. Nun habe ich Ihnen das 8. und 9. Jahrhundert als denjenigen Zeitpunkt in der Entwickelung der zivilisierten Menschheit bezeichnet, in welchem die kosmische Intelligenz allmählich sich herunterbewegt hat zur Erde, sich sozusagen in Tropfenformen gestaltet hat, die dann in den einzelnen menschlichen Seelen als die persönliche Intelligenz weiterlebten. Und ich habe Ihnen auch angedeutet, wie – traditionell, aber auch aus einer gewissen Einsicht heraus – der Blick für die kosmische Intelligenz, also für die alte michaelische Verwaltung, geblieben ist. Wenn wir hinschauen auf die in vieler Beziehung ganz ausgezeichneten Gelehrten, die in Anlehnung an den Arabismus, in Anlehnung an das, was, von den Alexanderzügen ausgehend, in Asien als Aristotelismus gelebt hat, dann durchdrungen hat die Mystik des Orients und sie, ich möchte sagen, intelligent gemacht hat, wenn wir auf alles das hinschauen, was davon herübergetragen worden ist über Afrika nach Spanien und dort als maurische Weisheit gewirkt hat durch eine solche hervorragende Persönlichkeit wie *Averroes,* dann finden wir in den Lehren dieser maurisch-spanischen Gelehrten durchaus einen Abglanz der Anschauungen, die nach der kosmischen Intelligenz hingehen.

Wollen wir uns einmal recht stark veranschaulichen, wie dies vorgestellt worden ist. Ich möchte zu diesem Zwecke eine skizzenhafte Zeichnung machen von dem, was diese maurischen Gelehrten ihren Schülern in Spanien im 10., 11., 12. Jahrhundert gelehrt haben, zur selben Zeit, in der an anderen Orten von Europa so etwas geherrscht hat wie die Schule von Chartres, von der ich Ihnen ausführlich erzählt habe.

In Spanien wurde von den maurischen Gelehrten, vor allen Dingen von einer solchen Persönlichkeit wie Averroes, gelehrt, wie die Intelligenz überall waltet, wie die ganze Welt, der Kosmos erfüllt ist von der allwaltenden Intelligenz. Die Menschen unten auf der Erde, sie haben verschiedene Eigenschaften, aber sie haben nicht eine eigene, persönliche Intelligenz. Sondern jedesmal, wenn ein Mensch auf der Erde wirkt, so geht ein Tropfen der Intelligenz, ein Strahl der Intelligenz von der allgemeinen Intelligenz aus, senkt sich gewissermaßen in den Kopf, in den Körper des Menschen, erfüllt ihn, so daß, wenn ein Mensch auf Erden herumgeht, er etwas hat wie eine Art Teil der ganz allgemeinen kosmischen Intelligenz. Stirbt dann der Mensch,

geht er durch die Pforte des Todes, so geht das, was er als Intelligenz gehabt hat, zurück in die allgemeine Intelligenz, fließt zurück. So daß, was der Mensch während des Lebens zwischen Geburt und Tod an Gedanken, Begriffen, Ideen hat, in das allgemeine Reservoir der allgemeinen Intelligenz zurückfließt und man nicht davon sprechen kann, daß dasjenige, was der Mensch als besonders Wertvolles in seiner Seele trägt, seine Intelligenz, einer persönlichen Unsterblichkeit unterliegt.

Das war auch durchaus gelehrt von den spanisch-maurischen Gelehrten, daß der Mensch eine persönliche Unsterblichkeit nicht hat. Er lebt weiter, aber es ist ja das Wichtigste an ihm – so sagten die Gelehrten –, daß er während des Lebens intelligentes Wissen entfalten kann. Das geht aber nicht mit seinem Wesen mit. Also kann man nicht sagen, daß das intelligente Wesen eine persönliche Unsterblichkeit hat. Sehen Sie, das war, ich möchte sagen, der Furor des Kampfes der Scholastiker unter den Dominikanern, der Furor, geltendzumachen die persönliche Unsterblichkeit des Menschen. Es konnte das in jener Zeit nicht anders auftreten als so, daß diese Dominikaner geltend machten: Der Mensch ist persönlich unsterblich, und das, was Averroes lehrt, ist Ketzerei, ist Häresie. Das müssen wir heute anders sagen. Aber für die damalige Zeit ist begreiflich, daß man einen Menschen, der die persönliche Unsterblichkeit nicht annahm, wie Averroes in

Spanien, für einen Häretiker erklärte. Heute müssen wir die Sache der Wirklichkeit, der Realität gemäß betrachten. Wir müssen sagen: In dem Sinne, wie der Mensch unsterblich geworden ist seiner Bewußtseinsseele nach, hat er sich diese Unsterblichkeit – dieses fortdauernde Bewußtsein von der Persönlichkeit –, nachdem er durch die Pforte des Todes durchgegangen war, erst errungen seit der Zeit, da eine Bewußtseinsseele im Erdenmenschen Platz greift. Wenn man also Aristoteles oder Alexander gefragt hätte, wie sie über Unsterblichkeit denken, wie würden sie geantwortet haben? Auf Worte kommt es nicht an, aber wenn sie gefragt worden wären und wenn sie in christlicher Terminologie geantwortet hätten, würden sie gesagt haben: Unsere Seele wird aufgenommen von Michael, und wir leben fort in der Gemeinschaft des Michael. – Oder sie würden es kosmologisch ausgedrückt haben; gerade aus einer solchen Gemeinschaft heraus, wie die des Alexander oder des Aristoteles war, würde man kosmologisch gesagt haben, und man hat es auch gesagt: Die Seele des Menschen ist intelligent auf Erden, aber diese Intelligenz ist ein Tropfen aus der Fülle dessen, was Michael ergießt wie einen intelligenten Regen, der die Menschen überströmt. Und dieser Regen geht von der Sonne aus, die Sonne nimmt in ihr eigenes Wesen wiederum zurück des Menschen Seele, und die Menschenseele, die da besteht zwischen Geburt und Tod, sie strahlt aus der Sonne auf die Erde nieder. Michael-Herrschaft hätte man auf der Sonne gesucht. So würde man kosmologisch geantwortet haben.

Das ist nach Asien gekommen, ist von Asien zurückgekommen und hat noch geblüht als Anschauung der Mauren in Spanien in der Zeit, als die Scholastiker eingetreten sind für die persönliche Unsterblichkeit. Wir müssen nicht sagen, wie die Scholastiker gesagt haben: Es ist ein Irrtum –, sondern wir müssen sagen: Die Entwickelung der Menschheit hat die individuelle persönliche Unsterblichkeit gebracht, und in der Scholastik der Dominikaner war es, wo man zuerst diese persönliche Unsterblichkeit betont hat. – Und eine alte Wahrheit, die nicht mehr wahr war für jene Zeit in bezug auf die Entwickelung des Menschengeschlechtes, wurde vorgebracht auf den Hochschulen, die von den Mauren besorgt wurden in Spanien. Wir müssen heute nicht nur tolerant sein gegen die Gleichzeitigen, wir müssen auch tolerant sein gegen diejenigen, die alte Lehren fortgepflanzt haben. Das konnte man in der damaligen Zeit nicht; es ist daher wichtig, daß wir uns das immer wieder und wiederum sagen: Was durch die Dominikaner-Scholastiker persönliche Unsterblichkeit genannt wurde, das ist eigentlich eine Wahrheit erst, seitdem die Bewußtseinsseele langsam und allmählich in die Menschheit eingezogen ist.

Man kann das auch, ich möchte sagen, ganz imaginativ schildern. Stirbt heute ein Mensch, der wirklich die Möglichkeit hatte, während des Erdenlebens seine Seele zu durchdringen mit Intelligenz, mit wahrhaftiger Intelligenz, dann geht er durch die Pforte des Todes, und er schaut zurück auf sein Erdenleben, das da war als ein selbständiges Erdenleben. In früheren Jahrhunderten schaute der Mensch, nachdem er durch die Pforte des Todes gegangen war, auf sein Erdenleben zurück, wie da der Ätherleib im Kosmos sich auflöst, wie er durchgeht dann durch das Seelengebiet, wie er durchlebt die Ereignisse in rückwärtsgehender Form. Dann konnte er sich sagen: So verwaltet Michael durch die Sonne dasjenige, was mein war. – Das ist eben der große Unterschied. Man kann aber solch eine Entwickelung nur beurteilen, wenn man hinter die Kulissen des Daseins schaut und auf das Spirituelle hinter dem Materiellen schaut. Darauf kommt es an, daß man die äußeren Ereignisse in der Menschheit so sieht, wie sie aus der spirituellen Welt heraus gestaltet werden.

Nun müssen Sie sich noch einmal hineinversetzen in alles dasjenige, was ich gesagt habe. Versetzen Sie sich hinein in die Tatsache, daß mit dem 9. nachchristlichen Jahrhundert die Krisis sich vollzieht: die kosmische Intelligenz geht hinunter unter die Erdenmenschen. Das ist objektive Tatsache, ist dasjenige, was sich vollzieht. Und nun versetzen Sie sich in die Sonnensphäre, die Michael mit den Seinen so verwaltete, wie ich es erzählt habe, indem man den Abschied des Christus von der Sonne und seinen Übergang auf die Erde im Mysterium von Golgatha wahrgenommen hat und nacherlebt hat, wie nach und nach die kosmische Intelligenz immer mehr und mehr hinuntergeht und individuelle Menschenerkenntnis wird. Ein wichtiges Ereignis, das tiefen Eindruck gemacht hat gerade auf diejenigen, die zu Michael gehören –

ich habe das letztemal gesagt «Michaeliten» –, ein wichtiges Ereignis ganz hervorragender Art war dasjenige, was ich in früheren Zusammenhängen schon so charakterisiert habe, wie es sich hineinstellte in den Verlauf der Zivilisationsentwickelung der Erde. Aber jetzt muß es so charakterisiert werden, wie es sich ausnimmt von dem Aspekt der Michaeliten selber von der Sonne aus, wie man es aus der Perspektive sieht, wenn man hinunterschaut aus dem Reiche des Michael auf die Erde.

Dieses wichtige, dieses bedeutungsvolle Ereignis geschah im Jahre 869. Es ist das achte allgemeine, ökumenische Konzil in Konstantinopel, wo dogmatisch konstatiert worden ist: Die alte Anschauung von der Trichotomie – der Mensch bestehe aus Leib, Seele und Geist – wäre ketzerisch, der Mensch habe nur Leib und Seele, nur daß die Seele einige geistige Eigenschaften habe. Während sich im Objektiven das vollzog, daß die Intelligenz auf die einzelnen Menschen überging, wurde auf Erden – in so besiegelnder Weise, daß niemand, der in der europäischen Zivilisation stand, dem zu widersprechen wagen konnte – dekretiert, die Trichotomie sei falsch, sei ketzerisch. Man durfte nicht davon sprechen, daß der Mensch Leib, Seele und Geist habe, sondern nur von Leib und Seele durfte man sprechen und der Seele geistige Eigenschaften und Kräfte zuschreiben. Damit war etwas auf Erden geschehen, von dem man in den Michael-Reichen nur sagen konnte: Nun wird einziehen in die Seelen der Menschen die Überzeugung, daß das Geistige eine Seeleneigenschaft ist, daß das Geistige nicht das Göttliche ist, das im Fortgang der Menschheitsentwickelung waltet. «Seht hinunter auf die Erde» – das ist die Sprache des Michael –, «da schwindet das Bewußtsein vom Geiste.» Aber, meine lieben Freunde, mit diesem Schwinden des Bewußtseins vom Geiste war ja gerade das verbunden, von dem wir heute vorzugsweise sprechen wollen.

Ich habe eben vorher gesagt, daß ich bisher nur abstrakt charakterisiert habe, wie sich die Entwickelung des Michael-Reiches hinter den Kulissen des Erdendaseins vollzogen hat. Ich sagte, die kosmische Intelligenz wäre hinuntergegangen zu den einzelnen Menschen. Aber das ist nur eine Abstraktion, meine lieben Freunde. Was ist denn Intelligenz? Man darf sich natürlich nicht vorstellen, wenn man hinaufkommt in die höheren Reiche, daß man da die Intelligenz so greife, wie man hier in der physischen Welt Bäume und Sträucher greift. Was ist das: «Intelligenz»? Solche Allgemeinheiten gibt es natürlich nicht in Realität. Intelligenz sind die gegenseitigen Verhaltungsmaßregeln der höheren Hierarchien. Was die tun, wie sie sich zueinander verhalten, wie sie zueinander sind, das ist kosmische Intelligenz. Und da wir natürlich als Menschen das uns nächste Reich ins Auge fassen müssen, so wird konkret für uns die kosmische Intelligenz: die Summe von Wesenheiten aus der Hierarchie der Angeloi. Wenn wir im Konkreten sprechen, können wir nicht von einer Summe von Intelligenz sprechen, sondern von einer Summe von Angeloi; das ist die Realität. Daß sich die Kirchenväter im Jahre 869 darüber unterhielten, ob man von Geist reden soll, war die Folge davon, daß eine Anzahl von Angeloiwesen sich trennten von dem Michael-Reich, bei dem sie früher waren, und sich unter die Anschauung stellten, daß sie es nunmehr nur zu tun haben mit den Erdgewalten, daß sie nur von Erdgewalten aus die Führung der Menschen zu vollziehen haben. Also sehen Sie, was das für ein Ereignis in Wirklichkeit ist! Angeloi sind diejenigen Wesen, die den Menschen von Erdenleben zu Erdenleben führen. Die nächsten Wesen, die über uns in der geistigen Welt stehen, sind es, die uns auf dem Weg geleiten durch das Leben zwischen Tod und neuer Geburt und wiederum zum Erdenleben hinweisen, die die einzelnen Erdenleben zu einer zusammenhängenden Kette des Totallebens der Menschen machen. Eine Anzahl von Engelwesen, die diese Aufgabe haben, die früher vereinigt waren mit dem Michael-Reiche, ging heraus, verließ das Michael-Reich. Durch ein solches Verhalten konnte das Schicksal der Menschen unmöglich unberührt bleiben. Denn wer ist natürlich zunächst daran beteiligt, wie das Karma sich entwickelt, wie die Erdentaten, die Erdengedanken, die Erdengefühle verarbeitet werden zwischen Tod und neuer Geburt? Die Angeloiwesen sind es! Wenn nun diese Angeloiwesen zu einer ganz anderen Stellung im Kosmos kommen, wenn sie sozusagen das Sonnenreich verlassen und an Stelle von zölestischen Engeln zu terrestrischen Engeln werden, was muß denn da geschehen? Da liegt tatsächlich über der ganzen Entwickelung von Europa hinter den äußeren Tatsachen ein großes Geheimnis. Es sind gewisse Angeloi allerdings im Michael-Reich geblieben. In jener großen Lehrschule im Beginne des 15. Jahrhunderts waren auch solche Angeloiwesen, die zu den Menschen gehört haben, welche dazumal im Michael-Reiche waren. Zu all den Seelen der Menschen, die im Michael-Reiche lebten, von denen ich gesprochen habe, gehörten Angeloiwesen, die im Reiche des Michael geblieben sind. Aber die anderen, die waren es, die herausgingen, welche sich mit demjenigen identifizierten, was Erdenwesen war.

Nun werden Sie sagen: Ja, wie kommt es denn eigentlich, daß da einer Anzahl von Michael-Engeln es plötzlich einfällt, herauszugehen aus diesem Michael-Reich? Den anderen fällt es nicht bei, herauszugehen! – Ich muß gestehen, das ist eine der schwierigsten Fragen, die man aufwerfen kann in bezug auf die neuere Entwickelung der Menschheit. Es ist im Grunde genommen eine Frage, die alle inneren Kräfte des Menschen, wenn man sich damit beschäftigt, in Regsamkeit versetzen muß. Das ist eine Frage, die tief und innig zusammenhängt mit dem ganzen Menschenleben.

Sehen Sie, da liegt in der Tat eine kosmische Tatsache zugrunde. Sie wissen aus meinen Vorträgen, die ich hier von dieser Stelle aus gehalten habe: Alles, was man anspricht als einen physischen Planeten, ist eine Ansammlung von geistigen Wesenheiten. Wenn man hinaufschaut zu einem Stern, so ist das, was physisch erscheint, nur das Äußere; in Wirklichkeit hat man es da zu tun mit einer Versammlung von geistigen Wesenheiten. Nun besteht ein gewisser Gegensatz – der immer bestand, seitdem es eine Erdenentwickelung gegeben hat – zwischen den Intelligenzen aller Planeten und der Sonnenintelligenz. Es ist eben auf der einen Seite die Sonnenintelligenz, auf der anderen Seite sind die Planetenintelligenzen. Und immer war es so, daß die Sonnenintelligenz vorzugsweise unter der Herrschaft des Michael stand, die anderen planetarischen Intelligenzen dagegen unter den anderen Erzengeln. Also sagen wir:

Sonnenintelligenz
Michael

Planetenintelligenzen

Merkur:	Raphael
Venus:	Anael
Mars:	Samael
Jupiter:	Zachariel
Mond:	Gabriel Geburtstore aufreißend
Saturn:	Oriphiel

Aber es war immer so, meine lieben Freunde, daß man nicht sagen konnte, Michael verwalte die Sonnenintelligenz allein. Sondern die ganze kosmische Intelligenz ist spezifiziert in Sonnenintelligenz und in den planetarischen Intelligenzen: Merkur, Venus, Mars und so weiter. Die kosmische Intelligenz wird von den einzelnen Wesen der Archangeloi-Hierarchie mitverwaltet, aber über allen zusammen waltet immer wieder Michael, so daß die gesamte kosmische Intelligenz von Michael verwaltet wird. Selbstverständlich, jeder Mensch war auch früher ein Mensch, als Michael die kosmische Intelligenz verwaltete und als nur ein Strahl in den einzelnen Menschen hineinkam, so daß der Mensch sich doch als Mensch auf der Erde fühlen konnte und der einzelne Mensch nicht bloß Umhüllung der allgemeinen kosmischen Intelligenz war. Das aber rührt von der Sonne her; alle menschliche Intelligenz rührt her von Michael in der Sonne.

Nur als diese Jahrhunderte heraufkamen, das 8., 9., 10. Jahrhundert, da geschah es eben, daß die planetarischen Intelligenzen Rechnung trugen dem Umstande, daß die Erde sich verändert hatte, daß auch die Sonne sich verändert hatte. Ja, das, was da draußen vor sich geht, was die Astronomen beschreiben, das ist nur die Außenseite. Sie wissen: Alle elf Jahre ungefähr haben wir eine Sonnenfleckenperiode; die Sonne scheint so auf die Erde, daß gewisse Stellen dunkel sind, daß gewisse Stellen fleckig sind. Das war nicht immer so. Die Sonne glänzte in sehr alten Zeiten als eine gleichförmige Scheibe herunter, Sonnenflecken waren nicht da. Und die Sonne wird nach Tausenden und Tausenden von Jahren wesentlich viel mehr Flecken haben als heute, sie wird immer fleckiger. Das ist immer die äußere Offenbarung dessen, daß die Michael-Kraft, die kosmische Kraft der Intelligenz immer mehr abnimmt. In dem Vermehren der Sonnenflecken durch die kosmische Entwickelung zeigt sich der Verfall der Sonne; immer mehr zeigt sich das Matterwerden, das Altwerden der Sonne im Kosmos. Und an dem Auftreten einer genügend großen Anzahl von Sonnenflecken erkannten die anderen planetarischen Intelligenzen, daß sie nicht mehr von der Sonne beherrscht sein wollen. Sie nahmen sich vor, die Erde nicht mehr von der Sonne abhängig sein zu lassen, sondern direkt vom gesamten Kosmos. Das geschieht durch die planetarischen Ratschlüsse der Archangeloi. Namentlich unter der Führung des Oriphiel geschieht diese Emanzipierung der planetarischen Intelligenz von der Sonnenintelligenz. Es war ein vollständiges Trennen von bis dahin zusammengehörigen Weltgewalten. Die Sonnenintelligenz des Michael und die planetarischen Intelligenzen gerieten nach und nach in kosmische Opposition zueinander.

Ja, wenn wir auch den Wesenheiten der Hierarchie der Angeloi eine ganz andere Art der Seelenkraft, der Verfassung des Inneren zuschreiben – Entschlüsse, Erwägungen über das, was geschieht, müssen wir ihnen auch zuschreiben. Wir Menschen entscheiden uns ja auch nicht anders, als daß wir die Dinge ansehen, die äußerlich vor sich gehen, daß wir die Tatsachen sprechen lassen, und unter dem Einfluß der Tatsachen dies oder jenes tun. Nur sind für uns maßgebend zwischen Geburt und Tod die Erdentatsachen. Für die Wesenheiten der Hierarchie der Angeloi sind solche Tatsachen maßgebend wie diese, daß da im planetarischen Leben eine Spaltung vor sich geht. Die eine Schar wandte sich der Erdenintelligenz und damit zu gleicher Zeit der planetarischen Intelligenz zu; die andere Schar blieb treu der Michael-Sphäre, um das, was der Michael als das Ewige verwaltet, hineinzutragen in alle Zukunft. Das ist nun etwas Entscheidendes, ob Michael das, was in seinem Wirken ewig ist, in alle Zukunft hineinzutragen vermag, jetzt, wo alle Macht unter den Menschen ist, wo das, was in der physischen Sonne erscheint, finsterer wird und allmählich verschwindet.

So sehen wir, durch kosmische Ereignisse veranlaßt, eine Spaltung unter den Angeloi, die früher mit Michael vereinigt waren. Aber diese Wesenheiten bilden ja gerade mit die karmische Entwickelung. Und nun betrachten Sie das Ganze, wie es sich abspielt in dem Leben zwischen Tod und neuer Geburt. Da ist es nicht so, daß jede Menschenseele allein laufen kann, auch nicht jeder Engel, der die Menschen leitet, kann allein laufen, sondern da wirkt die Hierarchie der Angeloi zusammen. Im Zusammenwirken wird das Karma ausgelebt. Natürlich, wenn ich in einem Erdenleben verbunden werde mit Menschen, und wir tragen das im nächsten Leben aus, dann muß zusammenkommen der Engel des einen Menschen mit dem Engel des anderen. Es muß ein Zusammenwirken geschehen, und vielfach war es so. Das ist das ungeheuer Erschütternde, ich möchte sagen das Zermalmende, das sich abspielt auf Erden in dem Ökumenischen Konzil von 869. Es ist das Signal für etwas Ungeheures, was da oben in der geistigen Welt geschieht. Das ist das Zerschmetternde – wenn man sich ganz aufrechterhält, mit dem richtigen Gebrauche der kosmischen Intelligenz aufrechterhält gegenüber solchen übermächtigen Tatsachen-Zusammenhängen –, das erschütternd Bedeutsame, was schon eintrat und immer mehr und mehr eintritt: daß der Angelos der einen Menschenseele, die mit einer anderen Menschenseele früher karmisch verbunden war, nicht zusammenging mit dem Angelos dieser anderen Menschenseele. Der eine Angelos von zwei karmisch verbundenen Menschenseelen blieb bei Michael, der andere ging hinunter zur Erde. Was mußte da geschehen? In dem Zeitraum zwischen der Begründung des Christentums und dem Bewußtseinszeitalter, das vorzugsweise signalisiert war durch das 9. Jahrhundert, durch das Jahr 869, mußte das geschehen, daß in das Karma der Menschen Unordnung hineinkam! Damit ist eines der bedeutsamsten Worte ausgesprochen, das man überhaupt aussprechen kann mit Bezug auf die neuere Geschichte der Menschheit. Unordnung ist in das Karma der neueren Menschheit hineingekommen. Es wurden in den folgenden Erdenjahren nicht mehr alle Erlebnisse richtig in das Karma hineingestellt. Und das Chaotische der neueren Geschichte, was in die neuere Geschichte immer mehr und mehr soziales und anderes Chaos, Kulturchaos hineinbringt, was nicht zu einem Ziel kommen läßt, das ist die Unordnung, in die Karma gebracht worden ist, weil eine Spaltung eintrat in der zu Michael gehörenden Hierarchie der Angeloi.

Und nun können wir etwas aussprechen, was mit dem Karma der

Anthroposophischen Gesellschaft zusammenhängt, was von ungeheurer Bedeutung ist, was, ich möchte sagen, erst die richtige Nuance gibt. Denn alles, was man schließlich in Anlehnung an die Verhältnisse charakterisieren kann, erschöpft nicht dasjenige, was im Geistigen hinter den Kulissen vorgeht. Es ist schwach und matt, was man aus den Erdenverhältnissen heraus an Gedanken auswählt. Man muß nach solchen Vorbereitungen zu dem greifen, was rein Geistiges charakterisiert.

Da muß man sagen: Gewiß, all das, was die Seelen gemeinschaftlich in der Anthroposophischen Gesellschaft ehrlich durch inneren Seelendrang zusammengeführt hat, das gilt natürlich. Aber wie kommt es denn, daß auch die Kräfte vorhanden sind, die bewirken, daß wirklich heute sich Menschen zusammenfinden unter rein geistigen Prinzipien, die sonst fremd sind in der heutigen Welt? Wo liegen die Kräfte vom Sich-Zusammenfinden? Die liegen darin, daß durch den Eintritt der Herrschaft des Michael, durch das Michaelische Zeitalter, in dem wir leben, mit dem Hereindringen des Michael in die Erdenherrschaft, mit der Ablösung der Herrschaft des Gabriel durch die Herrschaft des Michael von Michael hereingebracht wird die Kraft, die da bei denjenigen, die mit ihm gegangen sind, wiederum das Karma in Ordnung bringen soll. So daß wir sagen können: Was vereinigt die Mitglieder der Anthroposophischen Gesellschaft? Das vereinigt sie, daß sie ihr Karma in Ordnung bringen sollen! Wenn jemand merkt im Verlaufe seines Lebens, daß er da oder dort in Beziehungen hineinkommt, die nicht konform sind seinem inneren Drange, die vielleicht in irgendeiner Weise herausfallen aus dem, was richtige Harmonie ist im Menschen zwischen gut und böse – dieses auf der einen Seite –, und auf der anderen Seite stets ein Drang in ihm ist, mit dem Anthroposophischen vorwärts zu kommen: da liegt das vor, daß der Mensch wiederum zurückstrebt zum Karma, zum wirklichen Karma, zum Ausleben des wirklichen Karma. Das ist der kosmische Strahl, der sich deutlich für den Erkennenden durch die anthroposophische Bewegung ergießt: Wiederherstellung der Wahrheit des Karma. Sehen Sie, damit ist vieles verknüpft von dem, was sowohl Schicksal der einzelnen in der Anthroposophischen Gesellschaft ist wie Schicksal der ganzen Gesellschaft. Natürlich, denn das fließt alles ineinander.

Nun müssen wir das Folgende ins Auge fassen: Sehen Sie, die Menschen, die zusammenhängen mit Wesen aus der Hierarchie der Angeloi, die im Michael-Reiche verblieben sind, diese Menschen haben es schwer, für das, was sie begreifen sollen, Intelligenzformen zu finden. Sie streben ja dahin, auch die persönliche Intelligenz so zu erhalten, daß das mit der Michael-Verehrung zusammenhängen kann. Diejenigen Seelen, von denen ich gesagt habe, daß sie teilgenommen haben an jenen Vorbereitungen im 15. und 19. Jahrhundert, kommen zur Erde hinunter, hängend noch im tiefsten Drang nach Michael und seiner Sphäre. Dennoch, sie sollen nach Entwickelungsprinzipien der Menschheit die individuelle persönliche Intelligenz aufnehmen. Das gibt Zwiespalt, aber einen Zwiespalt, der sich lösen muß durch eine spirituelle Entwickelung, durch das Zusammenkommen der individuellen Aktivität mit dem, was geistige Welten herunterbringen im jetzigen Intelligenzzeitalter. Die anderen, deren Engel abfielen – was natürlich mit dem Karma zusammenhängt, denn der Engel fällt ab, wenn er mit einem Menschenkarma zusammenhängt, das dementsprechend ist –, die anderen nehmen wie mit Selbstverständlichkeit die persönliche Intelligenz auf, ganz wie selbstverständlich, aber dafür wirkt sie auch automatisch in ihnen, sie wirkt durch die Körperlichkeit. Sie wirkt so, daß diese Menschen denken, gescheit denken, aber sie sind nicht engagiert dabei. Das war der große Streit, der lange Zeit zwischen den Dominikanern und den Franziskanern sich abspielte. Die Dominikaner konnten nicht das persönliche Intelligenzprinzip anders ausgestalten als in möglichster Treue zur Michael-Sphäre. Die Franziskaner, die Anhänger von *Duns Scotus* – nicht von Scotus Erigena –, die wurden völlig Nominalisten. Sie sagten: Intelligenz ist überhaupt nur eine Summe von Worten. Alles was sich abspielte an Diskussionen zwischen den Menschen, alles das ist eben wirklich so, daß es das Abbild ist von mächtigen Kämpfen, die stattfinden zwischen der einen Schar der Angeloi und der anderen Schar der Angeloi.

Sehen Sie, das ist so, daß die Wesen aus der Hierarchie der Angeloi, welche nun mit dem Erdenprinzip sich vereinigt haben, eigentlich ja etwa seit dem 9., 10. Jahrhundert auf der Erde leben. Und das ist wiederum das Erschütternde, meine lieben Freunde: Da nimmt auf der Erde der Materialismus zu, da sind gerade die vorgerücktesten, die gescheitesten Menschen so, daß sie das Geistige leugnen, daß sie anfangen zu spotten darüber, daß geistige Wesen ebenso in ihrer Umgebung sein sollen wie physische Menschen. In dieser Zeit, in der sich der Materialismus ausbreitet, steigen immer mehr und mehr Engel herunter und leben auf der Erde. Sie tun mit. Gerade sie sind es, die in gewissen Zeiten, wo das menschliche Bewußtsein getrübt ist, sich inkorporieren und auf Erden wirken. Eine große Anzahl von Wesen der Angeloi hält sich zurück, aber diejenigen, die nach ihrem Angeloikarma am nächsten stehen den ahrimanischen Gewalten, die halten sich nicht zurück, die inkorporieren sich in Menschen, tauchen unter in Menschen zu gewissen Zeiten.

Dann entsteht dasjenige, was ich in der vorigen Stunde bezeichnet habe dadurch, daß ich sagte: Da ist nun ein solcher Mensch auf Erden, er hat menschliche Begabung, menschliche Intelligenz, die er auslebt, vielleicht genial auslebt, aber für eine gewisse Zeit, wo sein Bewußtsein getrübt ist, nimmt eine ahrimanische Angeloi-Intelligenz in ihm Platz. Da kann dann diese Erscheinung auftreten: Da ist ein Mensch, er scheint so, als ob er ein gewöhnlicher Mensch wäre und aus seiner Menschheit heraus dieses oder jenes schreibt. Nun kann das Ahrimanische gerade durch dasjenige an den Menschen heran, was man heute in intelligenten Formen aufnimmt. Man muß seine Persönlichkeit geltend machen, wenn man heute nicht überflutet werden soll von all dem, was ich angedeutet habe im Laufe dieser Vorträge. Und deshalb ist es, daß Ahriman als Schriftsteller auftreten kann. Er bedient sich natürlich eines Angeloswesens. Er kann schriftstellern. Und wenn wir jetzt im Zeichen unserer Weihnachtstagung vereinigt sind, so soll über solche Dinge nicht geschwiegen werden. Deshalb möchte ich das Folgende noch bemerken.

Sehen Sie, es war eine andere Stellung möglich zu einem der glänzendsten Schriftsteller der letzten Zeit, einem der größten Schriftsteller, bevor dessen letzte Werke erschienen sind. Als ich mein Buch schrieb: «Nietzsche, ein Kämpfer gegen seine Zeit», hatte man es in der Öffentlichkeit zu tun mit dem blendenden Schriftsteller, der menschliche Fähigkeiten bis zum Höchsten hinauf gesteigert hatte. Dann erst wurde man bekannt mit dem, was *Nietzsche* in der Zeit seines Verfalles geschrieben hat. Da sind vor allen Dingen zwei Werke, «Antichrist» und «Ecce homo»: das sind zwei Werke, die Ahriman geschrieben hat – nicht Nietzsche, sondern ein ahrimanischer Geist, in Nietzsche inkorporiert. Da trat zuerst Ahriman als Schriftsteller auf Erden auf. Er wird das fortsetzen. Nietzsche ist daran zerschellt. Man denke, welchen Impulsen man gegenübersteht, wenn man jenen Ideen gegenübersteht, die in Nietzsche gelebt haben in der Zeit, wo er aus jenem Geiste heraus jene glänzenden, aber teuflischen Werke geschrieben hat, die Werke «Antichrist» und «Ecce homo» – intelligente Werke! Ich habe gesprochen von der großen, umfassenden Intelligenz Ahrimans. In bezug auf das, was großartig, blendend ist, setzt man ein Werk nicht herunter, wenn man es ahrimanisch nennt, wie Einfältige meinen können, die nicht wissen, welche Größe in Ahriman sein kann. Man tadelt nicht, man lobt nicht, wenn man von Ahriman spricht; sehr viel auf Erden hängt von ihm ab. Wer geblutet hat – ich meine es seelisch –, wie ich geblutet habe, als ich zum ersten Mal Nietzsches Schrift «Der Wille zur Macht» las, die dann veröffentlicht worden ist in einer Weise, daß die Menschen keine richtige Vorstellung davon bekommen konnten, und wer zu gleicher Zeit hineinschauen kann in die Reiche, die, seitdem die Herrschaft des Michael besteht, seit den achtziger Jahren des vorigen Jahrhunderts, nur durch eine ganz dünne Wand getrennt sind von den physischen Erdenreichen, wer weiß, wie dieses Reich ganz unmittelbar anstößt an das physische Reich, so daß man sagen kann, es ist das ein Reich, das ähnlich ist dem Reich, das der Mensch durchmacht nach dem Tode, wer hineinschaut, wie die Anstrengungen sind nach dieser Richtung, der weiß, wie sie impulsierend zum Ausdruck kommen in so etwas wie «Ecce homo» und «Antichrist». Man braucht nur daran zu denken, was für ahrimanische Bemerkungen im «Antichrist» stehen. Ich weiß nicht, ob in den neueren Ausgaben die Stelle auch so steht. Es gibt eine Stelle, wo er über Jesus schreibt – ich zitiere nicht wörtlich – und sagt, Renan bezeichne Jesus als Genie. Nietzsche sieht ihn nicht als Genie an, er sagt: Mit der Strenge des Physiologen gesprochen, wäre hier ein ganz anderes Wort am Platze ... In meiner Ausgabe von Nietzsches Werken stehen an dieser Stelle drei Punkte, ich weiß nicht, ob es in neueren Ausgaben auch so ist, im Manuskript steht hier «Idiot», ganz ausgeschrieben. Daß Jesus als «Idiot» bezeichnet wird, ist die Hand des Ahriman. Und manches andere von dieser Art steht da. Und wer könnte denn glauben, daß nicht da in Nietzsche, der gleichzeitig, als er diese Dinge schrieb, Anwandlungen in seiner Seele hatte, zum Katholizismus zu kommen – es ging parallel, Sie müssen das nicht vergessen –, wer könnte da glauben, daß da nicht ein tiefes Rätsel verborgen ist? Der «Antichrist» – mit welchen Worten schließt er? Mit den Worten – ich kann es nicht wörtlich zitieren –: Ich möchte es an alle Wände schreiben, und ich habe Schreibmaterial mit weithin leuchtenden Lettern, ich möchte es an alle Wände schreiben, was das Christentum ist: Das Christentum ist der größte Fluch der Menschheit! – So schließt das Buch. Da liegt doch ein Problem vor. Man muß eben sehen, wie dieses ganze, nur durch eine dünne Wand von dem unsrigen getrennte Reich, wo sich alle die geistigen Kämpfe beim Ausgang des Kali Yuga abgespielt haben – noch etwas hinausragend über das Kali Yuga –, wie dieses Reich herein will in das physische Erdenreich.

Das sind die Dinge, auf die man hinschauen muß, wenn man begreifen will, wie nun die Menschheit eigentlich stehen kann zu dem, was in der Zivilisation auftreten muß durch den Anbruch des Michael-Zeitalters. Man mußte bei dem Kali Yuga-Übergang, bei dem Übergang von dem finsteren in das lichte Zeitalter, ja tatsächlich in einer geistig-physischen Anschaulichkeit drinnenstehen, wenn man charakterisieren wollte, so wie ich es getan habe in der Vorrede zu meinem Buche «Die Mystik im Aufgange des neuzeitlichen Geisteslebens», die Stimmung, die man haben muß gegenüber dem Geistigen und dem Materiellen. Es ist tatsächlich so, daß man überall herholen möchte die Möglichkeiten, diesen grandiosen Übergang, der da stattfindet als Anbruch des Michael-Zeitalters, zu charakterisieren. Und mit allem, was anthroposophische Bewegung ist, muß man sich da drinnen fühlen. Denn all dieses Großartige, dieses Große, es lebt sich zunächst aus in dem schon in Unordnung gekommenen Menschenkarma. Wenn man denkt, wie allgemeine Wahrheit in den karmischen Zusammenhängen liegt, und wie die Welt so ist, daß selbst in diese allgemeinen karmischen Zusammenhänge die Ausnahmen eingreifen konnten durch Jahrhunderte hindurch, und wie die Forderung hereintritt, kosmische Ausnahmen wiederum in ihre Regeln zurückzuführen: dann wird man etwas empfinden – weil das die Aufgabe, die Mission der anthroposophischen Bewegung ist – von der großen Bedeutung und Tragweite der anthroposophischen Bewegung.

Das, meine lieben Freunde, soll in Ihren Seelen ruhen, wenn Sie sich sagen: Diejenigen, die heute aus solcher Unterscheidung heraus den Drang fühlen, in das anthroposophische Leben hineinzukommen, sie werden mit dem Ablauf des 20. Jahrhunderts wiederum berufen, um an dem Kulminationspunkte die größtmögliche Ausbreitung der anthroposophischen Bewegung zu erreichen. Aber das kann nur geschehen, wenn diese Dinge leben können in uns, wenn leben kann die Anschauung von dem, was kosmisch-geistig hereinragt ins Irdisch-Physische, wenn selbst in die irdische Intelligenz, in die Anschauung der Menschen hereinragt die Erkenntnis von der Bedeutung des Michael.

Dieser Impuls muß die Seele sein des anthroposophischen Strebens; die Seele selbst muß darinnenstehen wollen in der anthroposophischen Bewegung. Damit werden wir die Möglichkeit finden, Gedanken von einer großen Tragweite durch einige Zeit in unseren Seelen nicht nur zu bewahren, sondern lebendig zu machen; so daß die Seelen durch diese Gedanken in anthroposophischer Weise sich ferner gestalten, damit die Seele in Wahrheit werde dasjenige, was sie sein soll, durch den unbewußten Drang zur Anthroposophie zu kommen – damit die Seele ergriffen werde von der Mission der Anthroposophie. Um dieses Ergriffensein einmal in einiger Ruhe auf sich wirken zu lassen, habe ich zu Ihnen in dieser letzten Stunde diese ernsten Worte gesprochen. Wir wollen sie fortsetzen, wenn wir wieder zusammenkommen. Wenn wir in den ersten Septembertagen zusammenkommen werden, werden wir die Fortsetzung dieser Betrachtungen haben. In der Zwischenzeit möchte ich an Ihrer aller Herzen gerade dasjenige gelegt haben, was ich heute abend sprechen mußte im Zusammenhang mit dem Karma der einzelnen Anthroposophen und der Anthroposophischen Gesellschaft.

HINWEISE

Textunterlagen: Mitstenographiert wurden die Vorträge von der Berufsstenographin Helene Finckh (1883–1960), die seit 1916 die allermeisten Vorträge Rudolf Steiners aufnahm. Unser Text beruht auf ihrer Klartext-Übertragung. Für die 5. Auflage 1971 wurde er, mit Ausnahme des 11. Vortrages, dessen Original-Stenogramm nicht vorliegt, von Stenographie-Kundigen mit den Original-Stenogrammen noch einmal verglichen. Dadurch konnten kleinere Auslassungen und Übertragungsfehler, die bei der ersten Übertragung 1924 unterlaufen und in die Buchausgabe übergegangen waren, berichtigt werden. Bei der vorliegenden 7. Auflage wurde am Text nichts geändert.

Werke Rudolf Steiners innerhalb der Gesamtausgabe (GA) werden in den Hinweisen mit der Bibliographie-Nummer angegeben. Siehe auch die Übersicht am Schluß des Bandes.

zu Seite

16 *Baruch Spinoza,* 1632–1677.

19 *Bilder . . . wo Dominikanermönche oder Thomas von Aquino selber im Triumphe dargestellt werden:* Z.B. von Benozzo Gozzoli im Louvre, Paris, und Taddeo Gaddi in der Kirche Santa Maria Novella, Florenz.

23 *Gedanken von den Überresten der verstorbenen Menschen:* Vgl. z.B. den Vortrag vom 27. September 1911 in «Das esoterische Christentum», GA Bibl.-Nr. 130, Dornach 1962, S. 57ff.

24 *Averroes* (eigentl. Ibn Roschid), 1126–1198, lebte am Hof zu Marokko.

26 *historische Vorträge mit Berücksichtigung des Reinkarnationsgedankens:* Siehe «Okkulte Geschichte. Persönlichkeiten und Ereignisse der Weltgeschichte im Lichte der Geisteswissenschaft», GA Bibl.-Nr. 126.

27 *René Descartes,* 1596–1650

28, 50 *seit dem Eintreten unseres Weihnachtsimpulses:* Siehe «Die Weihnachtstagung zur Begründung der Allgemeinen Anthroposophischen Gesellschaft», GA Bibl.-Nr. 260.

62 *wo ich von . . . Individualitäten gesprochen habe, an die das Gilgamesch-Epos anknüpft:* Siehe den Vortrag vom 26. Dezember 1923 in «Die Weltgeschichte in anthroposophischer Beleuchtung», GA Bibl.-Nr. 233.

64 *nach des heiligen Augustinus Ausspruch:* Augustinus, 354–430. In «Retractationes», L. I, Cap. XIII, 3 heißt es: «Was man gegenwärtig die christliche Religion nennt, bestand schon bei den Alten und fehlte nicht in den Anfängen des Menschengeschlechts, und als Christus im Fleische erschien, erhielt die wahre Religion, die schon vorher vorhanden war, den Namen der christlichen».

67 *Durch einen Freund wurde die große Rätselfrage . . . aufgeworfen:* Angeregt durch die Schrift Schillers «Über die ästhetische Erziehung des Menschen», die 1795 in den «Horen» erschien, schrieb Goethe sein «Märchen von der grünen Schlange und der schönen Lilie» als Abschluß der Erzählung «Unterhaltungen deutscher Ausgewanderter», die

ebenfalls 1795 in den «Horen» erschien. – Vgl. dazu die Ausführungen Dr. Steiners in «Die neue Geistigkeit und das Christus-Erlebnis des zwanzigsten Jahrhunderts», GA Bibl.-Nr. 200, 4. Vortrag.

67 *da meine «Pforte der Einweihung» ähnlich wurde dem «Märchen . . .»:* Siehe «Entwürfe, Fragmente und Paralipomena zu den vier Mysteriendramen», GA Bibl.-Nr. 44.

90 *ich habe es vor Jahren hier angedeutet:* Vgl. die Vorträge Ende Dezember 1918 in «Wie kann die Menschheit den Christus wiederfinden?», GA Bibl.-Nr. 187.

92 *ein Strahl der noch lebendigen Weisheit des Peter von Compostella:* Hier ist Bezug genommen auf die Schrift «De consolatio rationis». Derjenige Peter von Compostella – es soll deren drei gegeben haben –, der als Verfasser dieser Schrift in Betracht kommt, habe (nach Petrus Blanco «Petri Compostellani de consolatio rationis libro duo», Münster i. Westf. 1912 = Beiträge zur Geschichte der Philosophie des Mittelalters VIII) um die Mitte des 12. Jahrhunderts geschrieben. Es bleibt jedoch die Frage offen, ob nicht die Schrift in Wirklichkeit viel älter ist oder auf eine ältere Quelle zurückgeht.

93 *Bernardus von Chartres* (Bernardus Carnotensis), gest. um 1130.

Bernardus Silvestris (Bernhard von Tours), gest. um 1150.

Johannes von Salisbury, gest. 1180 als Bischof von Chartres.

Hildebrand, seit 1073 Papst Gregor VII, gest. 1085.

94ff. *Alanus ab Insulis,* geb. um 1128, gest. 1202 oder 1203.

die Dichtung «La bataille des VII arts»: Von Henri d'Andeli, ist wahrscheinlich um 1236 entstanden.

95 *Brunetto Latini,* geb. etwa zwischen 1210 und 1230, gest. 1294. Die Dichtung «Il Tesoretto» schildert die hier angeführten Vorgänge.

Dante Alighieri, 1265–1321. Die erste Ausgabe der «Divina commedia» (Göttliche Komödie) erschien 1472.

100 *Marie Eugenie delle Grazie,* 1864–1931, österreichische Dichterin.

jenes Gespräch, das ich in meinem «Lebensgang» angeführt habe: Hier ist Bezug genommen auf das im 7. Kapitel angeführte Gespräch mit dem Zisterzienserordenspriester Wilhelm Neumann. «Mein Lebensgang» (1923–1925), GA Bibl-Nr. 28, 1962, S. 125ff.

101 *Thomas von Aquino,* 1225–1274, genannt Doctor angelicus.

117 *irdischen Welten:* Im Stenogramm und allen früheren Auflagen: «unterirdisch». Wurde, weil offenbar Hörfehler, abgeändert.

123 *Louis Claude de Saint-Martin,* 1743–1803. Schrieb zuerst unter dem Pseudonym «Philosophe inconnu» (Der «Unbekannte Philosoph»). Siehe «Des erreurs et de la vérité», 1775; deutsch von Matthias Claudius unter dem Titel «Irrtümer und Wahrheit», 1782.

129ff. *Raimund de Sabunda,* Scholastiker, aus Barcelona gebürtig; lehrte seit 1436 in Toulouse Medizin, Philosophie und Theologie. Sein Werk «Liber creaturarum sive theologiae naturalis» erschien in Straßburg 1496.

132 *Ausdruck vom «Buche der Natur»:* In dem Vorwort zur Neuauflage 1923.

«Schibboleth»: Erkennungs-, Unterscheidungszeichen.

145 *christentummüde [heidentummüde]:* Im Stenogramm steht *christentummüde* und so war es auch in den ersten fünf Auflagen gedruckt. Auf grund von Einwendungen, die den Ausdruck «christentummüde» als unmöglich zutreffend bezeichneten – es müsse sich um einen Hörfehler handeln oder der Vortragende sich versprochen haben–, wurde in der 6. Auflage (1975) *christentummüde* durch *heidentummüde* ersetzt und ein entsprechender Hinweis gemacht. Nun traten andere Leser wieder für die ursprüngliche Fassung ein. Es wird dem Leser überlassen, sich ein Urteil zu bilden. Die eigentliche Charakterisierung der beiden Gruppen wird im übrigen dadurch gar nicht berührt.

162 ff. Von dem 11. Vortrag ist das ursprüngliche Stenogramm nicht erhalten.

170 *Planetenintelligenzen:* Die Lehre von den Planetenintelligenzen geht auf Joh. Trithemius von Sponheim (1462–1516) zurück («De septem intelligentiis libellus»). Rudolf Steiner spricht hierüber noch in «Das Initiaten-Bewußtsein», GA Bibl.-Nr. 243, 7. Vortrag, und in «Anweisungen für eine esoterische Schulung», GA Bibl.-Nr. 245.

174 *Johannes Duns Scotus,* 1266–1308, Scholastiker.

175 *Als ich mein Buch schrieb: «Nietzsche, ein Kämpfer gegen seine Zeit»,* GA Bibl.-Nr. 5. Die erste Auflage erschien 1895 in Weimar.

176 f. *Friedrich Nietzsche,* 1844–1900. «Der Antichrist. Versuch einer Kritik des Christentums» (Titel der späteren Auflagen «Der Antichrist. Fluch auf das Christentum»), Leipzig 1895 (Bd. VIII der GOA). Diese, in Dr. Steiners Bibliothek befindliche Ausgabe ist durch den damaligen Herausgeber Fritz Koegel mit Korrekturen und Auslassungen versehen worden.
Der wörtliche Text der angeführten Zitate lautet: «Herr Renan, dieser Hanswurst in *psychologicis,* hat die zwei *ungehörigsten* Begriffe zu seiner Erklärung des Typus Jesus hinzugebracht, die es hierfür geben kann: den Begriff *Genie* und den Begriff *Held.* ... Aus Jesus einen *Helden* machen! – Und was für ein Mißverständnis ist gar das Wort ‹Genie›! Unser ganzer Begriff, unser Kultur-Begriff ‹Geist› hat in der Welt, in der Jesus lebt, gar keinen Sinn. Mit der Strenge des Physiologen gesprochen, wäre hier ein ganz andres Wort eher noch am Platz: das Wort Idiot.» (Abschn. 29).
«Diese ewige Anklage des Christentums will ich an alle Wände schreiben, wo es nur Wände gibt – ich habe Buchstaben, um auch Blinde sehend zu machen ... Ich heiße das Christentum den *einen* großen Fluch, die *eine* große innerlichste Verdorbenheit, den *einen* großen Instinkt der Rache, dem kein Mittel giftig, heimlich, unterirdisch, *klein* genug ist – ich heiße es den *einen* unsterblichen Schandfleck der Menschheit... Und man rechnet die Zeit nach dem *dies nefastus,* mit dem dies Verhängnis anhob – nach dem *ersten* Tag des Christentums! – *Warum nicht lieber nach seinem letzten! – Noch heute?* – Umwertung aller Werte!» (Abschn. 62.)
«Ecce homo» und «Der Wille zur Macht», Leipzig 1911 (Bd. XV der GOA).

ÜBER DIE VORTRAGSNACHSCHRIFTEN

Aus Rudolf Steiners Autobiographie «Mein Lebensgang» (35. Kap., 1925)

Es liegen nun aus meinem anthroposophischen Wirken zwei Ergebnisse vor; erstens meine vor aller Welt veröffentlichten Bücher, zweitens eine große Reihe von Kursen, die zunächst als Privatdruck gedacht und verkäuflich nur an Mitglieder der Theosophischen (später Anthroposophischen) Gesellschaft sein sollten. Es waren dies Nachschriften, die bei den Vorträgen mehr oder weniger gut gemacht worden sind und die – wegen mangelnder Zeit – nicht von mir korrigiert werden konnten. Mir wäre es am liebsten gewesen, wenn mündlich gesprochenes Wort mündlich gesprochenes Wort geblieben wäre. Aber die Mitglieder wollten den Privatdruck der Kurse. Und so kam er zustande. Hätte ich Zeit gehabt, die Dinge zu korrigieren, so hätte vom Anfange an die Einschränkung «Nur für Mitglieder» nicht zu bestehen gebraucht. Jetzt ist sie seit mehr als einem Jahre ja fallen gelassen.

Hier in meinem «Lebensgang» ist notwendig, vor allem zu sagen, wie sich die beiden: meine veröffentlichten Bücher und diese Privatdrucke in das einfügen, was ich als Anthroposophie ausarbeitete.

Wer mein eigenes inneres Ringen und Arbeiten für das Hinstellen der Anthroposophie vor das Bewußtsein der gegenwärtigen Zeit verfolgen will, der muß das an Hand der allgemein veröffentlichten Schriften tun. In ihnen setzte ich mich auch mit alle dem auseinander, was an Erkenntnisstreben in der Zeit vorhanden ist. Da ist gegeben, was sich mir in «geistigem Schauen» immer mehr gestaltete, was zum Gebäude der Anthroposophie – allerdings in vieler Hinsicht in unvollkommener Art – wurde.

Neben diese Forderung, die «Anthroposophie» aufzubauen und dabei nur dem zu dienen, was sich ergab, wenn man Mitteilungen aus der Geist-Welt der allgemeinen Bildungswelt von heute zu übergeben hat, trat nun aber die andere, auch dem voll entgegenzukommen, was aus der Mitgliedschaft heraus als Seelenbedürfnis, als Geistessehnsucht sich offenbarte.

Da war vor allem eine starke Neigung vorhanden, die Evangelien und den Schrift-Inhalt der Bibel überhaupt in dem Lichte dargestellt zu hören, das sich als das anthroposophische ergeben hatte. Man wollte in Kursen über diese der Menschheit gegebenen Offenbarungen hören.

Indem interne Vortragskurse im Sinne dieser Forderung gehalten wurden, kam dazu noch ein anderes. Bei diesen Vorträgen waren nur Mitglieder. Sie waren mit den Anfangs-Mitteilungen aus Anthroposophie bekannt. Man konnte zu ihnen eben so sprechen, wie zu Vorgeschrittenen auf dem Gebiete der Anthroposophie. Die Haltung dieser internen Vorträge war eine solche, wie sie eben in Schriften nicht sein konnte, die ganz für die Öffentlichkeit bestimmt waren.

Ich durfte in internen Kreisen in einer Art über Dinge sprechen, die ich für die öffentliche Darstellung, wenn sie für sie von Anfang an bestimmt gewesen wären, hätte anders gestalten *müssen*.

So liegt in der Zweiheit, den öffentlichen und den privaten Schriften, in der Tat etwas vor, das aus zwei verschiedenen Untergründen stammt. Die ganz öffentlichen Schriften sind das Ergebnis dessen, was in mir rang und arbeitete; in den Privatdrucken ringt und arbeitet die Gesellschaft mit. Ich höre auf die Schwingungen im Seelenleben der Mitgliedschaft, und in meinem lebendigen Drinnenleben in dem, was ich da höre, entsteht die Haltung der Vorträge.

Es ist nirgends auch nur in geringstem Maße etwas gesagt, was nicht reinstes Ergebnis der sich aufbauenden Anthroposophie wäre. Von irgend einer Konzession an Vorurteile oder Vorempfindungen der Mitgliedschaft kann nicht die Rede sein. Wer diese Privatdrucke liest, kann sie im vollsten Sinne eben als das nehmen, was Anthroposophie zu sagen hat. Deshalb konnte ja auch ohne Bedenken, als die Anklagen nach dieser Richtung zu drängend wurden, von der Einrichtung abgegangen werden, diese Drucke nur im Kreise der Mitgliedschaft zu verbreiten. Es wird eben nur hingenommen werden müssen, daß in den von mir nicht nachgesehenen Vorlagen sich Fehlerhaftes findet.

Ein Urteil über den Inhalt eines solchen Privatdruckes wird ja allerdings nur demjenigen zugestanden werden können, der kennt, was als Urteils-Voraussetzung angenommen wird. Und das ist für die allermeisten dieser Drucke *mindestens* die anthroposophische Erkenntnis des Menschen, des Kosmos, insofern sein Wesen in der Anthroposophie dargestellt wird, und dessen, was als «anthroposophische Geschichte» in den Mitteilungen aus der Geist-Welt sich findet.

RUDOLF STEINER GESAMTAUSGABE

Gliederung nach: Rudolf Steiner – Das literarische
und künstlerische Werk. Eine bibliographische Übersicht
(Bibliographie-Nrn. *kursiv* in Klammern)

A. SCHRIFTEN

I. Werke

Goethes Naturwissenschaftliche Schriften, eingeleitet und kommentiert von R. Steiner, 5 Bände, 1883/97, Neuausgabe 1975, *(1a-e)*; separate Ausgabe der Einleitungen, 1925 *(1)*
Grundlinien einer Erkenntnistheorie der Goetheschen Weltanschauung, 1886 *(2)*
Wahrheit und Wissenschaft. Vorspiel einer ‹Philosophie der Freiheit›, 1892 *(3)*
Die Philosophie der Freiheit. Grundzüge einer modernen Weltanschauung, 1894 *(4)*
Friedrich Nietzsche, ein Kämpfer gegen seine Zeit, 1895 *(5)*
Goethes Weltanschauung, 1897 *(6)*
Die Mystik im Aufgange des neuzeitlichen Geisteslebens und ihr Verhältnis zur modernen Weltanschauung, 1901 *(7)*
Das Christentum als mystische Tatsache und die Mysterien des Altertums, 1902 *(8)*
Theosophie. Einführung in übersinnliche Welterkenntnis und Menschenbestimmung, 1904 *(9)*
Wie erlangt man Erkenntnisse der höheren Welten? 1904/05 *(10)*
Aus der Akasha-Chronik, 1904/08 *(11)*
Die Stufen der höheren Erkenntnis, 1905/08 *(12)*
Die Geheimwissenschaft im Umriß, 1910 *(13)*
Vier Mysteriendramen: Die Pforte der Einweihung – Die Prüfung der Seele Der Hüter der Schwelle – Der Seelen Erwachen, 1910/13 *(14)*
Die geistige Führung des Menschen und der Menschheit, 1911 *(15)*
Anthroposophischer Seelenkalender, 1912 *(in 40)*
Ein Weg zur Selbsterkenntnis des Menschen, 1912 *(16)*
Die Schwelle der geistigen Welt, 1913 *(17)*
Die Rätsel der Philosophie in ihrer Geschichte als Umriß dargestellt, 1914 *(18)*
Vom Menschenrätsel, 1916 *(20)*
Von Seelenrätseln, 1917 *(21)*
Goethes Geistesart in ihrer Offenbarung durch seinen Faust und durch das Märchen von der Schlange und der Lilie, 1918 *(22)*
Die Kernpunkte der sozialen Frage in den Lebensnotwendigkeiten der Gegenwart und Zukunft, 1919 *(23)*
Aufsätze über die Dreigliederung des sozialen Organismus und zur Zeitlage 1915-1921 *(24)*
Kosmologie, Religion und Philosophie, 1922 *(25)*
Anthroposophische Leitsätze, 1924/25 *(26)*
Grundlegendes für eine Erweiterung der Heilkunst nach geisteswissenschaftlichen Erkenntnissen, 1925. Von Dr. R. Steiner und Dr. I. Wegman *(27)*
Mein Lebensgang, 1923/25 *(28)*

II. Gesammelte Aufsätze

Aufsätze zur Dramaturgie 1889-1901 *(29)* – Methodische Grundlagen der Anthroposophie 1884-1901 *(30)* – Aufsätze zur Kultur- und Zeitgeschichte 1887-1901 *(31)* – Aufsätze zur Literatur 1886-1902 *(32)* – Biographien und biographische Skizzen 1894-1905 *(33)* – Aufsätze aus «Lucifer-Gnosis» 1903-1908 *(34)* – Philosophie und Anthroposophie 1904-1918 *(35)* – Aufsätze aus «Das Goetheanum» 1921-1925 *(36)*

III. Veröffentlichungen aus dem Nachlaß

Briefe – Wahrspruchworte – Bühnenbearbeitungen – Entwürfe zu den Vier Mysteriendramen 1910-1913 – Anthroposophie. Ein Fragment aus dem Jahre 1910 – Gesammelte Skizzen und Fragmente – Aus Notizbüchern und -blättern – *(38-47)*

B. DAS VORTRAGSWERK

I. Öffentliche Vorträge

Die Berliner öffentlichen Vortragsreihen, 1903/04 bis 1917/18 *(51-67)* – Öffentliche Vorträge, Vortragsreihen und Hochschulkurse an anderen Orten Europas 1906-1924 *(68-84)*

II. Vorträge vor Mitgliedern der Anthroposophischen Gesellschaft

Vorträge und Vortragszyklen allgemein-anthroposophischen Inhalts – Christologie und Evangelien-Betrachtungen – Geisteswissenschaftliche Menschenkunde – Kosmische und menschliche Geschichte – Die geistigen Hintergründe der sozialen Frage – Der Mensch in seinem Zusammenhang mit dem Kosmos – Karma-Betrachtungen – *(91-244)*
Vorträge und Schriften zur Geschichte der anthroposophischen Bewegung und der Anthroposophischen Gesellschaft *(251-263)*

III. Vorträge und Kurse zu einzelnen Lebensgebieten

Vorträge über Kunst: Allgemein-Künstlerisches – Eurythmie – Sprachgestaltung und Dramatische Kunst – Musik – Bildende Künste – Kunstgeschichte – *(271-292)* – Vorträge über Erziehung *(293-311)* – Vorträge über Medizin *(312-319)* – Vorträge über Naturwissenschaft *(320-327)* – Vorträge über das soziale Leben und die Dreigliederung des sozialen Organismus *(328-341)* – Vorträge für die Arbeiter am Goetheanumbau *(347-354)*

C. DAS KÜNSTLERISCHE WERK

Originalgetreue Wiedergaben von malerischen und graphischen Entwürfen und Skizzen Rudolf Steiners in Kunstmappen oder als Einzelblätter: Entwürfe für die Malerei des Ersten Goetheanum – Schulungsskizzen für Maler – Programmbilder für Eurythmie-Aufführungen – Eurythmieformen – Skizzen zu den Eurythmiefiguren, u.a.

Die Bände der Rudolf Steiner Gesamtausgabe
sind innerhalb einzelner Gruppen einheitlich ausgestattet
Jeder Band ist einzeln erhältlich.